Obst, Gemüse
und Fleisch richtig einwecken,
einkochen, einlegen

von Ulla Frieboes

TOMUS VERLAG MÜNCHEN

Rund ums Einmachen

Auf ein Wort!

Die Küche steht heute wieder im Mittelpunkt des Interesses — die Technik, die Möbelhersteller, die Porzellan- und Metall-Fabrikanten nehmen sich ihrer an, bringen die schönsten Neuheiten hervor und schwelgen in Nostalgie.

Da besinnen sich auch Hausfrau — und Hausmann! — auf viele, oft schon vergessene Künste, die bei Großmutter und Urgroßmutter noch zu den selbstverständlichen Voraussetzungen gehörten, die ein junges Mädchen erst ,,heiratsfähig'' machten.

Dazu zählt unter anderem vor allem das Einmachen. Mit der Präsentation selbst eingemachter Früchte und Gemüse wird man immer wieder Erfolg haben; sie schmecken einfach besser und strahlen gleichsam einen Hauch des liebevollen Bemühens um das Wohl von Familie und Gästen aus.

Aber um seinen Lieben solche selbst hergestellten Köstlichkeiten vorsetzen zu können und sich selbst einen soliden Wintervorrat anzulegen, ist das ,,gewußt wie'' unbedingt notwendig. Keine Angst — es ist keine Hexerei! Ein paar Grundregeln sind zu beachten — diese allerdings genau! —, dann kann das Gelingen überhaupt nicht schiefgehen. Und solche Richtlinien fürs Einmachen, wie's sein soll, will Ihnen dieses Buch vermitteln.

Gutes Gelingen!

Ihre

Ulla Frieboes

Einkochen macht Spaß — aber es hat auch einen ganz rationalen Hintergrund: das Haltbarmachen von Lebensmitteln, die nur zu bestimmter Zeit erhältlich oder aus irgendeinem Grund auf einmal in großen Mengen anfallen und deshalb nicht sofort im Haushalt verbraucht werden können. Für Gartenbesitzer sind das Obst und Gemüse zur jeweiligen Erntezeit; und für die anderen alles, was aus saisonbedingten Gründen gerade besonders preiswert ist.

Das Einmachen von Fleisch geschah früher vor allem bei der Schlachtung in ländlichen Haushaltungen. Aber auch heute reizt es durchaus noch, nach besonderem, oft uralten Familien-Rezept hergestellte Fleischgerichte, gut und raffiniert gewürzte Wurstarten und Pasteten selbst zu machen.

Für Haltbarmachung von Gemüse und Fleisch ist heute das Einfrieren die große ,,Konkurrenz'' fürs althergebrachte Einmachen. Aber das Einkochen hat den unbestrittenen Vorteil, daß es zur Lagerung keinen besonderen Apparat wie etwa die Kühltruhe benötigt, sondern daß das Einmachgut auf jedem Regal, das kühl und dunkel steht, aufbewahrt werden kann, und so den Fertig-Gerichten, dem Backwerk, der Butter, dem Käse und vielen anderen Dingen im Kühlfach keinen Platz wegnimmt.

,,Einmachen'' ist der Oberbegriff des Haltbarmachens von Lebensmitteln; dazu gehört dreierlei:
— das Sterilisieren von Obst, Fleisch und Gemüse,
— das Einkochen von Marmelade, Gelee und Saft,
— das Einlegen von Obst und Gemüse.

Bevor man sich ans Einmachen begibt, sollte man erst einmal wissen, was man dazu alles braucht und was man beachten muß.

Das ,,Handwerkszeug'' zum Einmachen:

— fehlerlose Gläser und Deckel, sowie Flaschen, ohne Sprung oder Absplitterung;
— Steintöpfe zum Einlegen;
— tadellos elastische Gummiringe für Gläser;
— Gummikappen, die nicht spröde sind, für Flaschen;
— Bügel zum Festhalten der Deckel beim Sterilisieren;
— einen Einkochkessel mit Thermometer;
— einen Dampfentsafter.

Goldene Regeln fürs Einmachen

1.

— oberstes Gebot ist allergrößte Sauberkeit;

2.

— Einkochgläser und -deckel, Flaschen und Steintöpfe werden gründlich heiß gebürstet und gespült;

3.

— die Einkochringe und Verschlußkappen werden ausgekocht;

4.

— Gläser und Flaschen müssen nach dem Einfüllen — sie stehen dazu auf einem feuchten Tuch — vor Zugluft geschützt werden;

5.

— die Bügel läßt man bis zum Erkalten der Gläser darauf;

6.

— die angegebenen Einkochzeiten sind genau zu beachten, ebenso die Zusammensetzung der Rezepturen;

7.

— das fertige Einmachgut soll kühl und nicht zu hell aufbewahrt werden;

8.

— eine Kontrolle, ob die Gläser auch verschlossen geblieben sind (bei zugebundenen Gläsern: ob sich Schimmel gebildet hat), ist von Zeit zu Zeit nötig.

Das Sterilisieren von Obst, Gemüse und Fleisch

Das Einkochgut, nach Vorschrift zubereitet, wird durch das Erhitzen in Gläsern keimfrei (= steril) gemacht und erhält durch absoluten Luftabschluß seine Haltbarkeit. In der steigenden Hitze beim Einmach-Vorgang dehnt sich der Inhalt des Glases aus und drückt die Luft heraus. Beim späteren Abkühlen verliert der Glasinhalt wieder an Ausdehnung, durch das so entstandene Vakuum wird der Deckel nach unten gezogen und fest auf das Glas gepreßt. Das Einmachgut wird je nach Rezept gekocht und bis 2 cm unter den Rand in die Gläser gefüllt. Der Glasrand wird trockengewischt, die feuchten Gummiringe werden aufgelegt, die Deckel daraufgegeben und mit den Federbügeln verschlossen. Die Gläser werden in einen Spezial-Einkochtopf mit Thermometer (überall in Haushaltsgeschäften, mit Gebrauchsanleitung, erhältlich) gestellt und bis ¾ der Höhe mit warmem Wasser umgossen. Man bringt das Wasser zum Sieden und läßt es die vorgeschriebene Zeit kochen, bei der angegebenen Temperatur.

(Weitere Sterilisiermethoden im Rezeptteil)

Das Konservieren von Obst mit Zucker zu Marmelade, Gelee und Saft

Hier übernimmt der Zucker mit Hilfe von Geliermittelzusatz die Haltbarmachung der Früchte. (Man verwendet Gelierzucker oder flüssige Geliermittel, deren Packung immer eine genaue Mengenangabe enthält.) Marmeladen- und Gelee-Gläser werden nach dem Einfüllen und Erkalten nur mit Cellophan verschlossen und zugebunden.

(Saftgewinnungs-Methoden — für Gelee wichtig! — siehe im Rezeptteil „Saft")

Das Einlegen von Früchten und Gemüsen in Zucker, Essig/Alkohol

Essig, Alkohol und Zucker bewirken die Konservierung. Anders als bei sterilisiertem Obst und Gemüse kann man hier nach Belieben nur eine gewünschte Portionsmenge aus dem Einmachgefäß entnehmen und es dann wieder zubinden.

Das alles kann man einmachen

Köstliche Rezepte für Marmeladen

Erdbeermarmelade

1 kg Erdbeeren
1 kg Gelierzucker
2—3 Löffel Orangenlikör

Die Erdbeeren werden gewaschen, von Blättchen und Stielen befreit, in Stücke geschnitten. Mit dem Gelierzucker verrührt, bleiben sie 24 Stunden stehen. Man bringt sie zum Kochen, läßt 4 Minuten brausend durchkochen, fügt den Orangenlikör hinzu und füllt die Masse in Gläser. Statt des Likörs kann man Saft und abgeriebene Schale von 2 Limetten (grünen Zitronen) dazutun (Foto Nr. 6, Seite 18/19 und Nr. 5, Seite 37/39).

Dreifruchtmarmelade

500 g Himbeeren
500 g Johannisbeeren
500 g Sauerkirschen
1500 g Zucker
flüssiges Geliermittel

Die Früchte werden gewaschen, die Kirschen entsteint, die Johannisbeeren abgestreift, die Himbeeren verlesen. Zucker und Früchte werden verrührt und zum Kochen gebracht. 1 Minute kochen lassen und das Geliermittel unterrühren. Nach nochmaligem Aufwallen in die Gläser abfüllen.

Quittenmarmelade

1 kg Quittenmus
1 kg Zucker
flüssiges Geliermittel
1 Gläschen Cointreau

Die Quitten werden gewaschen, mit einem Tuch gründlich abgerieben, Stil und Blüte werden entfernt. Dann schneidet man die Früchte mit Schale und Kerngehäuse in Stücke und kocht sie in ¾ Liter Wasser zu Mus. Dieses wird durch ein Haarsieb gepreßt. Jetzt wiegt man Mus und Zucker in genau gleichem Verhältnis ab, bringt beides unter ständigem Rühren zum Kochen, läßt 15—30 Sekunden sprudelnd durchkochen, gießt das flüssige Geliermittel hinein, läßt noch einmal aufwallen und füllt die Masse heiß in die Gläser, die sofort verschlossen werden.

Bananen-Rhabarber-Marmelade

750 g Rhabarber
750 g Bananen (Gewicht ohne Schale)
1500 g Zucker
etwas Zitronensaft
flüssiges Geliermittel

Der gut gewaschene, geschälte Rhabarber wird in Stücke geschnitten und mit wenig Wasser zu Brei gekocht. Die Bananen schneidet man in kleine Stücke und bringt sie mit dem Rhabarbermus unter Rühren zum Kochen. Nach 10 Sekunden Kochzeit rührt man das flüssige Geliermittel ein, läßt einmal aufwallen und füllt die Masse in die Gläser.

Himbeermarmelade

1 kg Himbeeren
1 kg Zucker
etwas Zitronensaft
flüssiges Geliermittel

Die gewaschenen, zerdrückten Himbeeren mit dem Zucker und Zitronensaft zum Kochen bringen, eine Minute stark kochen lassen, Geliermittel einrühren, einmal aufwallen lassen, in Gläser füllen.

Aprikosenmarmelade

1 kg Aprikosen
1 kg Gelierzucker

Die gewaschenen, entsteinten Aprikosen werden in Stücke geschnitten, mit Zucker vermischt und 24 Stunden stehen gelassen. Aufkochen, 4 Minuten sprudelnd kochen lassen, in Gläser füllen, verschließen (Foto Nr. 4, Seite 38/39).

Stachelbeer-Bananen-Marmelade

750 g Stachelbeeren
250 g geschälte Bananen
etwas Zitronensaft
1 kg Gelierzucker

Bananen zerdrücken, Stachelbeeren, wie auf S. 11 angegeben, vorbereiten, den Fruchtbrei und Zucker gut verrühren, zum Kochen bringen und 4 Minuten kochen lassen, in Gläser füllen (Foto Nr. 2, Seite 38/39).

Quitten-Hagebutten-Marmelade

500 g Quitten (nach dem Schälen und ohne Kernhaus gewogen)
500 g Hagebuttenmark (im Reformhaus erhältlich)
1 kg Zucker
1 EL Portwein
flüssiges Geliermittel

Die Quitten werden gewaschen, geschält und vom Kernhaus befreit. Man schneidet sie in kleine Stücke und dünstet sie in ganz wenig Wasser eine knappe halbe Stunde. Dann fügt man das Hagebuttenmark und den Zucker dazu, läßt 2—3 Minuten stark durchkochen, gibt das Geliermittel hinein. Nach einmaligem Aufwallen rührt man den Portwein unter und füllt heiß in die Gläser ein.

WECK
SELBSTGEMACHTES
Pflaumen
SELBSTGEMACHTES
Zitrone
SELBSTGEMACHTES
Erdbeer
SELBSTGEMACHTES
Orangen
Unser
Feinster
Zucker
EWG-Qualität I
500 g

Sanddorn-marmelade

500 g Sanddornbeeren
500 g Zucker
flüssiges Geliermittel
2 EL Birnengeist

Die Beeren werden durch eine Fruchtpresse gedrückt, die Masse Pfund auf Pfund abgewogen, zum Kochen aufgesetzt, ab dem Aufkochen 4 Minuten gekocht, das flüssige Geliermittel wird zugefügt, nach einmaligem Aufwallen auch der Birnengeist; dann in Gläser abfüllen.

Brombeer-Pfirsich-Marmelade

1000 g Brombeeren
1000 g Pfirsiche (ohne Stein gewogen)
2000 g Zucker
Saft einer halben Zitrone
flüssiges Geliermittel

Man wäscht die Brombeeren und läßt sie abtropfen. Die gewaschenen Pfirsiche werden entsteint, von der Haut befreit und in kleine Stücke geschnitten. Früchte mit Zucker und Zitronensaft unter ständigem Rühren zum Kochen bringen, 10 Minuten kochen lassen, Geliermittel hinein, einmal aufwallen lassen. In Gläser füllen.

Birnen-marmelade

Gut 1 kg Birnen (Gewicht nach Schälen und ohne Kernhaus)
1 kg Gelierzucker
Saft und Schale einer Zitrone
einige kleine Stücke kandierter Ingwer

Die kleingeschnittenen Birnen mit Gelierzucker, Zitronensaft und Ingwer mischen, 24 Stunden stehen lassen. Zum Kochen bringen, 4 Minuten sprudelnd kochen lassen, in Gläser abfüllen (Foto Nr. 3, Seite 28/29).

Grapefruit-Marmelade

1000 g Grapefruitfleisch
1000 g Zucker
flüssiges Geliermittel

Nachdem man von zwei unbehandelten Grapefruits die Schale dünn abgeschält und in feine Streifen geschnitten hat, schält man auch die übrigen Früchte und entfernt sorgfältig das Weiße. Das Fruchtfleisch wird gut zerkleinert (Wolf) und mit dem Zucker und den Schalenstreifen zum Kochen gebracht, wobei man ständig rührt. Nach 10 Sekunden brausenden Kochens füllt man das flüssige Geliermittel ein, läßt noch einmal aufwallen und gibt alles in Gläser.

Kürbis-marmelade

1 kg Kürbis
1 kg Gelierzucker
Saft einer Zitrone
1 Gläschen Calvados

Der Kürbis wird geschält, entkernt, in Stücke geschnitten und im Wolf oder Mixer zerkleinert. Fruchtmasse und die Hälfte des Zuckers unter Rühren zum Kochen bringen, dann den Rest des Zuckers dazu, wieder aufkochen lassen, 10—30 Sekunden brausend durchkochen. Zitronensaft und Calvados hinzufügen, durchrühren, heiß in Gläser füllen und sofort wieder verschließen.

Twist-Off-Deckel oder Cellophan?

Mit beidem können Sie Marmelade und Gelee verschließen.
Bei Twist-Off-Deckel (sicher haben Sie solche Gläser schon mit irgendeinem Inhalt gekauft und aufgehoben): Gläser und Deckel gründlich reinigen. Einmachgut heiß einfüllen, Alkohol-Papier darauflegen, Deckel darauf und bis zum Anschlag festdrehen.
Cellophan: in passende Stücke schneiden, anfeuchten, über die mit heißem Einmachgut gefüllten Gläser ziehen, Gummiring darum spannen.

Orangen-marmelade

1250 g Orangen-Inneres
ca. 100 g Orangenschalenstreifen
1250 g Zucker
2 TL Zitronensaft
flüssiges Geliermittel

Von einigen ungespritzten Orangen wird die Schale hauchdünn abgeschält und in feine Streifen geschnitten. Das Fruchtfleisch der Orangen wird ganz klein geschnitten oder durch den Wolf gegeben. Fruchtfleisch, Schalen, Zucker und Zitronensaft bringt man unter Rühren zum Kochen, läßt 1—2 Minuten stark durchkochen, rührt das Geliermittel ein, läßt noch einmal aufwallen und füllt die Marmelade heiß in Gläser ein.

Heidelbeer-marmelade

1000 g Heidelbeeren
1000 g Gelierzucker

Die Heidelbeeren werden gut verlesen, gewaschen und zerdrückt. Man bringt sie mit dem Gelierzucker, den man nach und nach dazugibt, zum Kochen, kocht alles brausend gut 10 Sekunden durch und füllt die Marmelade heiß in die Gläser.

Birnen-Kiwi-Marmelade

750 g Birnen (ohne Schale und Kernhaus)
250 g Kiwis
1 kg Gelierzucker

Die Kiwis werden dünn geschält und in sehr feine Scheiben geschnitten. Sie werden mit den gründlich zerkleinerten Birnenstückchen und dem Gelierzucker vermischt und unter Rühren zum Kochen gebracht. Nach 4 Minuten sprudelndem Kochen wird die Marmelade in Gläser gefüllt (Foto Nr. 3, Seite 28/29).
Falls die Birnensorte sehr hart ist, kann man die Fruchtstücke auch etwas vorkochen.

Himbeer-Rhabarber-Marmelade

700 g Rhabarber
300 g Himbeeren
Saft einer Zitrone
1 kg Gelierzucker

Der gewaschene (möglichst junge, nicht abgezogene) Rhabarber wird in kleine Stücke geschnitten, die Himbeeren werden verlesen und zerdrückt. Beides verrührt man gut mit dem Gelierzucker, bringt es zum Kochen und läßt 4 Minuten sprudelnd kochen. Zitronensaft hinzufügen, in Gläser abfüllen (Foto Nr. 1, Seite 18/19). Nicht mehr ganz junger Rhabarber muß abgezogen werden.

Ananasmarmelade

1000 g Ananas
1000 g Gelierzucker
Saft einer Zitrone
1 Glas Birnengeist

Die Ananas wird geschält und in Stücke geschnitten. Sie werden mit der Hälfte des Gelierzuckers unter ständigem Rühren zum Kochen gebracht. Wenn es kocht, fügt man den übrigen Zucker hinzu und läßt 20 Sekunden stark durchkochen. Zitronensaft und Birnenschnaps werden dazugetan, die Masse wird heiß in die Gläser gefüllt.

Zitronenmarmelade

500 g Fruchtfleisch von Zitronen
1 Liter Wasser
1500 g Zucker
flüssiges Geliermittel
abgeriebene Zitronenschale von 5 ungespritzten Zitronen

Die Zitronen werden geschält, das Fruchtfleisch mit dem Wolf zerkleinert und mit der abgeriebenen Schale vermengt. Man bringt die Masse mit Wasser und Zucker zum Kochen, läßt einige Sekunden durchkochen, rührt das Geliermittel ein und füllt alles in Gläser.

Mandarinen-Sellerie-Marmelade

400 g Mandarinen (mit Schale gewogen)
100 g gekochter, in Würfel geschnittener Sellerie
500 g Gelierzucker

Die Mandarinen werden geschält und sorgfältig von der weißen Haut befreit. Man schneidet sie in Stücke, vermengt sie mit dem Sellerie und dem Gelierzucker und bringt alles zum Kochen. Die Masse muß 4 Minuten sprudelnd kochen, dann wird sie in Gläser abgefüllt (Foto Nr. 4, Seite 18/19).

Apfelsinen-Ananas-Marmelade mit Ingwer

1000 g Apfelsinenfleisch
1500 g Zucker
abger. Schale von 2 Apfelsinen (ungespritzt)
Saft einer Zitrone
500 g frische Ananas (ungeschält gewogen)
75 g eingemachter Ingwer
flüssiges Geliermittel

Apfelsinen schälen, von weißen Häutchen befreien, gut zerkleinern. Ananas in Stücke schneiden, Ingwer in kleine Würfel schneiden. Alle Früchte mit Zucker und Zitronensaft unter Rühren 10 Minuten gut durchkochen lassen. Das Geliermittel einrühren, einmal aufwallen lassen und alles in Gläser füllen.

Brombeer-Apfel-Marmelade

1000 g Brombeeren
1000 g Äpfel
2000 g Zucker
flüssiges Geliermittel

Die Äpfel werden geschält, vom Kernhaus befreit, geviertelt und in ganz feine Scheiben geschnitten. Sie werden mit den verlesenen, gewaschenen und etwas zerdrückten Brombeeren und dem Zucker unter Rühren zum Kochen gebracht. Nach 1—2 Minuten Kochdauer fügt man das Geliermittel hinzu, läßt noch einmal aufwallen und füllt in die Gläser ein.

Rhabarbermarmelade

1 kg Rhabarber (möglichst roter)
1 kg Gelierzucker
1 Orange (möglichst Blutorange)

Den Rhabarber gut waschen (nicht abziehen!), in kleine Stückchen schneiden. Mit dem Saft und der Schale der (ungespritzten) Orange sowie mit dem Gelierzucker verrühren und zum Kochen bringen. 4 Minuten sprudelnd kochen lassen, heiß in Gläser füllen (Foto Nr. 13, Seite 38/39).

Mirabellenmarmelade

2 kg Mirabellen
2 kg Zucker
flüssiges Geliermittel

Die Mirabellen werden gewaschen und entsteint. Man kann sie zerkleinern, der Geschmack ist besser, wenn man die halbierten Früchte im Ganzen läßt. Mirabellen und Zucker werden unter Rühren zum Kochen gebracht und müssen 15—30 Sekunden gut durchkochen. Man rührt das flüssige Geliermittel ein, läßt alles noch einmal aufwallen, füllt heiß in die Gläser und verschließt sie sofort.

Himbeer-Apfel-Marmelade

500 g Himbeeren
500 g Äpfel, 1 kg Zucker
2 EL Zitronensaft
etwas Vanille
flüssiges Geliermittel

Die geschälten, kleingeschnittenen Äpfel werden mit dem Zucker vermengt, mit Zitrone beträufelt und müssen eine halbe Stunde ziehen. Dann bringt man es mit den Himbeeren zum Kochen, läßt 4 Minuten brausend kochen, schäumt ab und rührt das Geliermittel sowie das Innere einer halben Vanilleschote darunter und läßt noch einmal aufwallen. Heiß abfüllen.

Himbeermarmelade: Rezept S. 6

men, nach Belieben gemischt und ohne Steine und Stiel gewogen)
1750—2000 g Zucker
Saft einer Zitrone
flüssiges Geliermittel

Die Früchte werden gewaschen, gegebenenfalls von Stiel und Stein befreit, gründlich zerkleinert und mit dem Zucker zum Kochen gebracht. Man läßt eine halbe Minute sprudelnd kochen, rührt Zitronensaft und flüssiges Geliermittel ein, läßt noch einmal aufwallen und füllt die Masse heiß in Gläser.

Sauerkirschmarmelade

1 kg Sauerkirschen (ohne Stein gewogen)
1 kg Zucker
flüssiges Geliermittel

Die Kirschen werden gewaschen, abgetropft, von Stielen und Kernen befreit. Man bringt sie mit dem Zucker zum Kochen, läßt sie unter ständigem Rühren 2—3 Minuten kochen, gibt das Geliermittel dazu, läßt noch einmal aufwallen und füllt die Marmelade heiß in die Gläser ein.

Pfirsichmarmelade

1 kg Pfirsiche
1 kg Gelierzucker
Saft von 2 Zitronen
2 EL Kirschlikör

Man überbrüht die Pfirsiche, zieht die Haut ab, entsteint sie und schneidet sie in große Stücke. Die mit dem Gelierzucker vermischten Fruchtwürfel läßt man einige Stunden gut durchziehen. Dann werden sie mit dem Zitronensaft zum Kochen gebracht. Nach 4 Minuten sprudelndem Kochen rührt man den Kirschlikör unter und füllt die Marmelade heiß in die Gläser.
(Siehe Foto S. 39, Nr. 11)

Weintraubenmarmelade

3 Pfund blaue Trauben
3 Pfund Zucker
½ Stange Zimt
2 Nelken
Saft einer halben Zitrone
flüssiges Geliermittel

Die Weintrauben müssen von Stiel und Kernen befreit werden. Man zerkleinert sie gut und bringt sie mit Zucker, Zitronensaft und Gewürzen unter Rühren zum Kochen. Die Obstmasse muß dann 10 Sekunden brausend durchkochen, das Geliermittel wird hinzugefügt, wallt noch einmal auf. Die Masse wird heiß in die Gläser gefüllt, nachdem man die Gewürze entfernt hat.

Tutti-Frutti-Marmelade

1750 g Obst (wahlweise Stachelbeeren, Johannisbeeren, Mirabellen, Brombeeren, Heidelbeeren, Aprikosen, Himbeeren, Pflau-

Tomatenmarmelade

1500 g reife Tomaten
2000 g Zucker
Saft und abgeriebene Schale von 2 Zitronen (ungespritzt)
1 Msp. Ingwerpulver
flüssiges Geliermittel

Die gewaschenen Tomaten werden überbrüht und abgezogen, dann im Mixer oder

Wolf zerkleinert. Tomaten, Zucker und Gewürze werden unter Rühren zum Kochen gebracht. Man läßt eine halbe Minute sprudelnd kochen, gibt den Zitronensaft und das flüssige Geliermittel hinein, läßt noch einmal aufwallen und füllt die Marmelade heiß in die vorbereiteten Gläser.

Kleine Gläser sind besser!

Je kleiner der Behälter, desto sicherer und fester die Gelierung. Für Gelees daher nur 1/8 bis 1/4-Liter-Gläser verwenden.
Für Marmelade glattwandig, für Gelee nach oben sich verbreiternd.

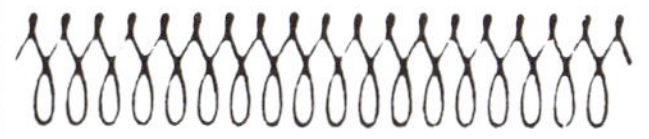

Preiselbeer-Marmelade mit Birnen

1000 g Preiselbeeren
1000 g Birnen
2000 g Zucker
flüssiges Geliermittel
Saft einer halben Zitrone

Die gut verlesenen, gewaschenen Preiselbeeren werden zerdrückt, die Birnen geschält, vom Kernhaus befreit und gut zerkleinert. Die Früchte werden mit dem Zucker und dem Zitronensaft unter ständigem Rühren zum Kochen gebracht und 10 Sekunden stark durchgekocht. Das flüssige Geliermittel wird eingerührt, muß noch einmal aufwallen; die Marmelade wird heiß in die Gläser gefüllt.

Stachelbeerkompott: Rezept S. 20

Stachelbeermarmelade

1 kg Stachelbeeren
1 kg Zucker
flüssiges Geliermittel

Von den Früchten entfernt man Blüte und Stiel, zerquetscht sie. Fruchtmasse und Zucker werden verrührt, zum Kochen gebracht, 1—2 Minuten gekocht, das Geliermittel wird untergerührt, nach einmaligem Aufwallen werden die Gläser gefüllt und sofort verschlossen. Für Marmelade aus unreifen Stachelbeeren 200 g Zucker mehr.

Pflaumen-Sauerkirsch-Marmelade

500 g Sauerkirschen
500 g Pflaumen
1000 g Gelierzucker

Sauerkirschen und Pflaumen werden gewaschen, von den Stielen befreit, entsteint und gut zerkleinert. Diese Fruchtmasse bringt man unter Rühren zum Kochen und gibt nach und nach den Einmachzucker dazu. Vom Zeitpunkt des Kochens an 10 Sekunden stark durchkochen, heiß in Gläser füllen.

Pflaumenmarmelade

1 kg Pflaumen (ohne Stein gewogen)
1 kg Gelierzucker
1 Vanillestange, 1 knapper TL Angostura bitter

Die Pflaumen werden gewaschen, von Stielen und Kernen befreit und in Stücke geschnitten. Mit dem Gelierzucker vermischt, läßt man sie 24 Stunden durchziehen. Mit der Vanillestange kocht man die Masse auf (4 Min.), rührt den Angostura unter und füllt in Gläser ab (Foto Nr. 12, Seite 28/29).

Aprikosen-Kiwi-Marmelade

1 kg Aprikosen (ohne Stein gewogen)
500 g Kiwis
1500 g Zucker
1 Gläschen Calvados
flüssiges Geliermittel
Saft einer halben Zitrone

Die Aprikosen werden gut zerkleinert, die Kiwi-Früchte geschält und in kleine Stückchen geschnitten. Beides bringt man mit dem Zucker und dem Zitronensaft unter ständigem Rühren zum Kochen und läßt es 10 Minuten brausend kochen. Das Geliermittel wird eingerührt und muß einmal aufwallen. Man gießt den Calvados dazu und füllt heiß in die Gläser.

Holunderbeer-Preiselbeer-Marmelade

750 g Holunderbeeren
1000 g Preiselbeeren
1 knapper Viertelliter Wasser
2 kg Zucker
2 EL Zitronensaft
flüssiges Geliermittel

Die gewaschenen Holunderbeeren, sorgfältig abgestreift, sowie die verlesenen gewaschenen Preiselbeeren gründlich zerstampfen und in wenig Wasser breiig zerkochen. Man fügt den Zukker hinzu, bringt alles unter Rühren zum Kochen, läßt eine halbe Minute gründlich durchkochen, rührt den Zitronensaft und das flüssige Geliermittel hinein und läßt noch einmal aufwallen. Die Masse wird heiß in die Gläser gefüllt, die sofort verschlossen werden.

Gemischte Beerenmarmelade

½ Pfund Stachelbeeren
½ Pfund Johannisbeeren (rot)
½ Pfund Erdbeeren
½ Pfund Himbeeren
100 g Zucker
flüssiges Geliermittel
etwas Zitronensaft

Alle Beeren werden gewaschen und geputzt. Die Stachelbeeren und Johannisbeeren dreht man durch den Wolf, große Erdbeeren zerkleinert man. Die Früchte werden mit dem Zucker und Zitronensaft unter Rühren zum Kochen gebracht. Man läßt 15—20 Sekunden stark kochen, gibt das flüssige Geliermittel dazu, läßt noch einmal aufwallen und gibt die heiße Marmelade in vorbereitete Gläser.

Feigenmarmelade

750 g frische Feigen
750 g Zucker
abgeriebene Schale einer ungespritzten Zitrone
etwas Wasser
1 EL Zitronensaft
flüssiges Geliermittel

Die Feigen wäscht man, trocknet gut ab, schneidet sie ganz klein oder gibt sie durch den Wolf. Die Fruchtmasse wird nun unter ständigem Rühren mit Zucker, Zitronensaft und -schale sowie etwas Wasser zum Kochen gebracht. Man läßt 4—5 Minuten gut durchkochen, rührt das Geliermittel unter, läßt noch einmal aufwallen und füllt heiß in die Gläser ein, die gleich verschlossen werden.

Brombeer-Himbeer-Heidelbeer-Marmelade

250 g Brombeeren
250 g Himbeeren
250 g Heidelbeeren
750 g Zucker
flüssiges Geliermittel
etwas Zitronensaft

Die Beeren muß man recht behutsam verlesen, waschen und abtropfen. Sie werden etwas zerdrückt, mit dem Zucker und Zitronensaft zum Kochen gebracht und eine halbe Minute sprudelnd gekocht. Das flüssige Geliermittel wird eingerührt und muß noch einmal mit aufkochen. Heiß in vorbereitete Gläser füllen.

Marmelade leicht beschwipst

Manche mögen's alkoholisch. Fast alle Marmeladen kann man mit einem Schuß Alkohol im Geschmack variieren. Am besten eignen sich dazu: alle klaren Obstschnäpse, Cointreau, Calvados, Genever, Rum und Whisky.

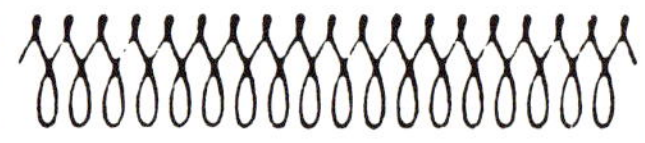

Aprikosen-Pfirsich-Johannisbeer-Marmelade

500 g Johannisbeeren (rot)
250 g Pfirsiche
250 g Aprikosen
1000 g Gelierzucker

Die Pfirsiche und Aprikosen werden von Haut und Stein befreit und in Stückchen geschnitten. Man entstielt die Johannisbeeren, wäscht sie und läßt sie abtropfen. Das Obst wird mit dem Gelierzucker vermischt und soll 1—2 Stunden gut durchziehen. Dann wird es zum Kochen gebracht, muß 5 Minuten brausend durchkochen und wird heißt in Gläser gefüllt und verschlossen.

Apfel-Pflaumen-Marmelade

1 ½ Pfund frisches Apfelmus
1500 g Zucker
1 Pfund Pflaumen
¼ l herben Weißwein
1 Schote Vanille
3 EL Zitronensaft
flüssiges Geliermittel

Die vom Stein befreiten Pflaumen werden in kleine Stücke geschnitten und mit dem Apfelmus, der Vanille, dem Weißwein und dem Zitronensaft unter ständigem Rühren zum Kochen gebracht und 10 Sekunden gut durchgekocht. Das Geliermittel wird gut eingerührt, die Masse muß dann noch einmal aufwallen und wird heiß in die Gläser abgefüllt.

Die besten Rezepte für Gelees

(Saftgewinnungsmethoden siehe im Kapitel „Obstsäfte")

Zitronengelee

½ Liter Zitronensaft
¼ Liter Wasser
1750 g Zucker
Schale von 3—4 ungespritzten Zitronen
flüssiges Geliermittel

Die Schale der Zitronen wird dünn abgeschält und in die Mischung aus Zitronensaft und Wasser gegeben. Der Zucker wird hinzugefügt und unter Rühren zum Kochen gebracht, das Ganze einige Sekunden gut durchgekocht. Das flüssige Geliermittel wird eingerührt und muß einmal aufwallen. Die Schalen werden herausgenommen, das Gelee in die Gläser gefüllt, die sofort verschlossen werden.

Johannisbeergelee

2 kg rote Johannisbeeren
½ Liter Wasser (zur Saftbereitung)
1000 g Gelierzucker auf
1 Liter Saft

Die Johannisbeeren werden mit einer Gabel von den Stielen gestreift, gewaschen, gut abgetropft und mit dem Wasser kurz aufgekocht. Dann gießt man sie in ein aufgespanntes Mulltuch (über einem umgedrehten Küchenstuhl an dessen vier Beinen befestigt) und läßt den Saft ablaufen. 1 Liter Saft wird mit 1 kg Zucker (wenn es mehr Saft ergeben hat, Zucker immer 1:1 abmessen) 4 Minuten sprudelnd gekocht und sofort in vorbereitete Gläser gefüllt, die zugebunden werden (Foto Nr. 14, S. 38/39).

Johannisbeergelee mit Portwein

Hier nimmt man für 1 kg Gelierzucker ¾ Liter Johannisbeersaft und ¼ Liter Portwein.

Orangengelee

1 Liter Orangensaft
Schale von 2 ungespritzten Orangen
1000 g Gelierzucker
1 Gläschen Curaçao

Man gibt so viel Orangen durch die Zitruspresse, daß man einen Liter Saft erhält. Man kann auch fertig gekauften Orangensaft verwenden, der Geschmack ist aber nicht so gut wie bei frischen Apfelsinen.
Der Saft wird mit der Hälfte des Zuckers zum Kochen gebracht. Wenn er richtig kocht, fügt man den restlichen Zucker und die feingeschnittene dünne Orangenschale hinzu, läßt 2 Minuten sprudelnd kochen, nimmt die Schalen wieder heraus, gießt den Curaçao in die Geleemasse und füllt sofort in die vorbereiteten Gläser ein, die man mit Cellophan verschließt und zubindet.

Birnengelee

2—3 kg saftreiche Birnen
½ Liter Wasser
1000 g Zucker auf 1 Liter Saft
flüssiges Geliermittel
1 Gläschen Rum

Die Birnen werden gewaschen, geschält, vom Kernhaus und Stiel befreit und in kleine Stücke geschnitten. Sie werden in Wasser weichgekocht, die Masse kommt in ein Mulltuch (über den umgekehrten Küchenstuhl gespannt) und muß in die darunterstehende Schüssel abtropfen. Nun mißt man den abgelaufenen Saft ab, nimmt auf 1 Liter Flüssigkeit (inkl. des Rums) 1 kg Zucker, bringt alles zum Kochen und läßt 10—15 Sekunden stark durchkochen. Nun wird das flüssige Geliermittel untergerührt, alles muß noch einmal aufwallen. Das Gelee wird heiß in die vorbereiteten Gläser gefüllt, die mit Cellophan bedeckt und zugebunden werden.
Besonders köstlich sind „Williams-Christ"-Birnen hierzu. Auch „Alexander"-Birnen eignen sich gut; bei ihrer Verwendung muß etwas mehr Wasser genommen werden.

Die Gelee-Probe

Nach Beendigung der Kochzeit macht man die „Gelee-Probe": einen dicken Tropfen der Flüssigkeit gibt man auf einen Tellerrand; wenn er erstarrt, ist das Gelee fertig.

Quittengelee

2—3 kg Quitten
½—¾ Liter Wasser (zur Saftbereitung)
1000 g Gelierzucker auf
1 Liter Saft
1 EL Zitronensaft

Die Quitten werden gewaschen und gründlich abgerieben. Nachdem man sie in Viertel geschnitten hat, nimmt man das Kerngehäuse und die Kerne heraus und kocht die Quittenstücke mit dem Wasser zu Mus. Dieses wird auf ein Mulltuch gegeben (über die Stuhlbeine eines umgedrehten Küchenstuhles gespannt); man läßt es in eine Schüssel ablaufen. Der Saft wird genau gewogen, 1 Liter Saft wird mit 1 kg Zucker unter Rühren zum Kochen gebracht, er muß ab dann 1—2 Minuten sprudelnd kochen, den Zitronensaft zufügen. Dann wird er heiß in die vorbereiteten Gläser gefüllt, die mit Cellophan bedeckt und zugebunden werden.

Brombeer-Holunderbeer-Gelee

750 g (= ¾ l) Brombeersaft
500 g (= ½ l) Holunderbeersaft
1250 g Zucker
flüssiges Geliermittel
3 Eßlöffel Zitronensaft

Die gut verlesenen und gewaschenen Brombeeren werden, mit Wasser gerade bedeckt, aufgesetzt und weichgekocht, dann auf ein Tuch (über die Beine eines umgestülpten Küchenstuhles gespannt und festgebunden) zum Ablaufen über eine Porzellanschüssel gegeben. Die abgestreiften, gewaschenen Holunderbeeren stampft man zu Brei, läßt sie bis kurz vors Kochen kommen und läßt die Masse ebenfalls ablaufen (s. oben). ¾ l Brombeersaft, ½ l Holunderbeersaft (genau abgemessen) mit dem Zucker unter Rühren zum Kochen bringen und 10—20 Sekunden gut durchkochen lassen. Nun wird das flüssige Geliermittel und der Zitronensaft hinzugefügt; alles muß noch einmal kurz aufwallen und wird dann sofort in vorbereitete Gläser gefüllt, die gleich verschlossen werden.

Sauerkirschgelee

¾ Liter Sauerkirschsaft (Selbstentsaftet, siehe Rezept S. 32)
1 kg Gelierzucker
Saft von 2 Zitronen
1 TL Maraschino

Den kalten Sauerkirsch-Saft verrührt man gut mit dem Zucker und bringt bei des zum Kochen. 4 Minuten stark kochen, dann kommt der Zitronensaft und der Maraschino hinein. Das Gelee wird heiß in die Gläser gefüllt, diese werden mit Cellophanpapier bedeckt und zugebunden (Foto Nr. 7, S. 18/19)

Besondere Gläser

Zur Gelee-Aufbewahrung nimmt man andere Gläser wie für Marmelade. Während sie für Marmelade geradwandig nach oben verlaufen, haben sie für Gelee eine sich nach oben verbreiternde Form. So kann man nichts verwechseln und findet mit einem Griff das, was man gerade haben möchte.

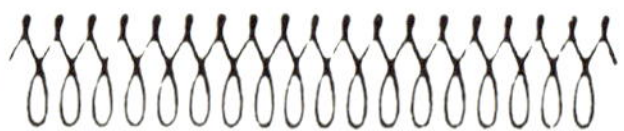

Apfelgelee

2—3 kg Äpfel (auch Fallobst)
½–¾ Liter Wasser (zur Saftbereitung)
1000 g Gelierzucker auf 1 Liter Saft

Nach dem Waschen der Früchte werden diese geschält und vom Kernhaus befreit. Man schneidet sie in Stücke, bringt sie mit dem Wasser zum Kochen, läßt gut durchkochen, bis es eine breiige Masse ist. Diese gibt man auf ein Mulltuch (über die Beine des umgedrehten Küchenstuhls gespannt) und läßt den Saft in eine daruntergestellte Schüssel ablaufen. Der Saft wird abgemessen, 1 Liter Saft mit 1 kg Zucker zum Kochen gebracht, das Ganze 3 Minuten kräftig durchkochen lassen.

Holunder-Apfel-Gelee

¾ Liter Holunderbeersaft
½ Liter Apfelsaft
1750 g Zucker
etwas Zitronensäure
flüssiges Geliermittel

Die gewaschenen, abgestielten Holunderbeeren werden zerstampft und aufgekocht; dann läßt man sie durch ein aufgespanntes Tuch laufen. Die Äpfel (es können auch Falläpfel sein) werden gewaschen, geschält, vom Kernhaus befreit, gut mit Wasser bedeckt in einen Topf gegeben (auf 2—3 kg Äpfel ca. ½—¾ l Wasser) und durchgekocht, bis sie zu Mus geworden sind. Diese Masse wird ebenfalls durch ein gespanntes Tuch gegeben, unter das man eine Schüssel stellt. Der abgemessene Apfel- und Holunderbeersaft wird mit dem Zucker und der Zitronensäure zum Kochen gebracht, 10—15 Sekunden durchgekocht. Dann kommt das flüssige Geliermittel hinein, das noch einmal aufwallen muß. Die Gläser werden heiß eingefüllt und sofort verschlossen.

Brombeergelee

½ Liter Brombeersaft
¼ Liter Apfelsaft
1 kg Gelierzucker

Brombeersaft (durch Dampfentsaften gewonnen, Rezept S. 32) und Apfelsaft (Gewinnung wie bei Apfelgelee) werden kalt mit dem Zucker vermengt und zum Kochen gebracht. Wenn alles 4 Minuten sprudelnd gekocht hat, füllt man sofort in die Gläser, bedeckt sie mit Cellophan und bindet sie zu.
Statt des Apfelsaftes kann man auch Birnensaft verwenden, fügt dann aber 1—2 Eßlöffel Zitronensaft nach dem Kochen hinzu.

Apfel-Guaven-Gelee

(Foto S. 39, Nr. 11)

¾ l Apfelsaft
1 kl. Dose Guaven
1 kg Gelierzucker

Apfelsaft mit Guavensaft und Gelierzucker kalt vermischen, 4 Minuten sprudelnd kochen lassen. Kurz vor Kochende Fruchtstücke dazu, in Gläser füllen.

Pflaumengelee

1½ kg Pflaumen (ohne Stein gewogen)
750 g Gelierzucker
Saft von einer Zitrone
1 Gläschen Mirabellengeist

Die Pflaumen, gewaschen und ohne Stein, werden im Topf (mit Deckel drauf!) gar gekocht und 12 Stunden durch ein Tuch zum Ablaufen gegeben. Zu knapp ¾ l Saft gibt man den Zucker und Zitronensaft, bringt alles zum Kochen und läßt 4—5 Minuten stark kochen. Der Mirabellengeist wird dazugetan, die Masse heiß in Gläser gefüllt.

WECK
Rundrand-Glas 100
WECK
Rundrand-Glas 100

Weintrauben-gelee

1500 g Weintrauben (blau oder weiß)
1000 g Gelierzucker
1 EL Zitronensaft
1 Gläschen Kirschwasser

Die Weintrauben werden gewaschen und abgestielt. Man gibt sie durch die Fruchtpresse oder zerkleinert sie im Mixer (man kann sie auch durch den Wolf drehen). Das so entstandene Fruchtmus gibt man auf ein Mulltuch — zwischen den Beinen eines umgekehrten Küchenstuhles aufgespannt — und läßt es in eine daruntergestellte Schüssel abtropfen. Der Zucker wird mit dem genau abgemessenen Fruchtsaft — 1 Liter auf 1000 g — unter Rühren zum Kochen gebracht und 10—15 Sekunden durchgekocht, Zitronensaft und Kirschwasser zugefügt. Das Gelee in vorbereitete Gläser füllen, mit Cellophan verschließen und zubinden.

Hilfe aus der Tiefkühltruhe

Manche Früchte der für Gelee (und Marmelade) angegebenen Zusammenstellung sind nicht immer gleichzeitig reif oder auf dem Markt.
Man kann dann auch tiefgekühltes Obst — industriell oder selbst hergestelltes — verwenden. Das gilt vor allem für alle Beerensorten wie Himbeeren, Erdbeeren, Brombeeren, Johannisbeeren und Heidelbeeren.

Das Maß muß stimmen

Meßbecher und Küchenwaage sind unverzichtbare Hilfsmittel beim Einkochen von Gelee. Mit dem Zucker darf man etwas großzügiger in der Zugabe sein, vor allem bei Kirschen.
Die Früchte sollen *nach* dem Waschen und Entsteinen bzw. dem Befreien von Stiel und Blüte gewogen werden.

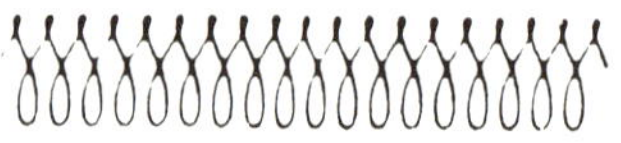

Rhabarber-Erdbeer-Gelee

2—3 kg Rhabarber
½ Liter Wasser
½ Liter Erdbeersaft, selbst entsaftet, siehe Rezept Seite 32
1000 g Zucker auf 1 Liter Saft
flüssiges Geliermittel

Der Rhabarber (möglichst jung und zart) wird gewaschen und in kleine Stücke geschnitten. Man gibt ihn mit dem Wasser in den Kochtopf, kocht ihn auf und läßt zugedeckt 10 Minuten kochen. Dann wird die Masse in ein Mulltuch (über die vier Beine eines umgedrehten Küchenstuhles gespannt) gegossen, der Saft muß in die daruntergestellte Schüssel abtropfen. Nun mißt man den Saft genau ab, mischt 1 Liter Rhabarbersaft mit ½ Liter Erdbeersaft, gibt die gleiche Menge Zucker (also 1500 g) zu und bringt alles unter Rühren zum Kochen. Man läßt die Masse 20 Sekunden sprudelnd durchkochen, gibt das flüssige Geliermittel zu, läßt noch einmal aufwallen, füllt heiß in Gläser, die man sofort verschließt. (Statt Erdbeeren kann man auch Himbeeren verwenden, deren Saft man ebenfalls im Dampfentsafter selbst gewonnen hat.)

Grapefruitgelee

1 Liter Grapefruitsaft
1 kg Zucker
flüssiges Geliermittel

Man kann gekauften Grapefruitsaft verwenden. Besser und gesünder ist es, frische Grapefruits zu nehmen und den Saft mit einer Zitruspresse auszudrücken. Saft und Zucker gründlich verrühren, zum Kochen bringen und 15—20 Minuten brausend kochen lassen. Dann das flüssige Geliermittel zugeben, noch einmal aufwallen lassen und heiß in Gläser füllen, mit Cellophan bedecken und zubinden.

Schlehengelee

1 kg Schlehen
500 g Äpfel
250 g Birnen
½ Tasse Zitronensaft
1000 g Gelierzucker
(auf 1 l Saft)

Die gewaschenen Schlehen werden mit einer Gabel durchstochen, die Äpfel und Birnen von Blüte und Stiel befreit und geviertelt. Bei milder Wärme läßt man das Obst mit 1 ½ l Wasser und dem Zitronensaft 60 Minuten durchkochen. Der Saft muß 24 Stunden durch ein aufgespanntes Mulltuch laufen. Dann wird er mit dem Gelierzucker (1 l Saft, 1 kg Gelierzucker) vom Kochen an 5 Minuten brausend durchgekocht und nach der Geleeprobe heiß in vorbereitete Gläser gefüllt.

Vorsicht — nicht zu lange Kochzeit!

Die im Rezept angegebene Kochzeit sollte präzise eingehalten werden. Bei allem mit Gelierzutaten gekochten Einmachgut gehen bei zu langem Kochen die Pektine, die das Festwerden verursachen, verloren; die Gelees werden nicht fest.

Schwarze Johannisbeeren-Gelee

1½ kg schwarze Johannisbeeren
750 g Gelierzucker
1 Schote Vanille

Die gewaschenen, entstielten, abgetropften Johannisbeeren mit gut 1/4 l Wasser durchkochen. Den Saft durch ein aufgespanntes Tuch laufen lassen (man kann ihn auch im Dampfentsafter zubereiten).
¼ Liter Saft wird mit dem Gelierzucker und der ausgekratzten Vanilleschote vermischt und zum Kochen gebracht. Man läßt das Ganze 5 Minuten sprudelnd kochen, macht die Geleeprobe. Hat sie das richtige Ergebnis, wird das Gelee heiß in vorbereitete Gläser gefüllt und mit Cellophan-Papier verschlossen.

Rezepte für beliebte und ausgefallene Kompotte

Rhabarber-Erdbeer-Kompott

1 kg Rhabarber
1 kg Erdbeeren
450 g Zucker
¾ l Wasser

Den Rhabarber waschen, putzen und in kleine Stücke schneiden. Die Erdbeeren werden von Stiel und Blüte befreit, mit dem Rhabarber und dem Zucker und Wasser in einen Topf gegeben und kurz aufgekocht. Man füllt das Kompott in vorbereitete Gläser und verschließt sie, einzeln nacheinander, mit dem Dampfkonservierer bei 80°.

Melonenkompott

1 mittelgroße Zuckermelone
400 g Zucker
1 l Wasser
1 Schote Vanille

Eine feste, noch nicht ganz reife Melone wird geschält, das weiche Innere herausgenommen. Man schneidet die Melone in ca. 2 cm große Stücke und läßt sie in kaltem Wasser, dem man eine Prise Salz zugefügt hat, einmal aufkochen. Man nimmt sie sofort heraus und läßt sie auf einem Sieb abtropfen. Die Melonenstücke werden in Gläser geschichtet. Aus Zucker, Wasser und Vanille läßt man einen Sud einige Minuten kochen und gibt ihn dann über die Melonen in die Gläser. Die Gläser 25—30 Minuten bei 80 Grad sterilisieren.

Rotweinbirnen

3,5 kg Birnen
1 Zimtstange
½ Liter Rotwein
½ Liter Wasser
400—500 g Zucker
Am geeignetsten sind möglichst kleine Birnen

Kleine Birnen waschen, schälen, in Hälften schneiden und von Kernhaus und Stiel befreien. Man legt die Birnenhälften mit der Rundung nach oben in Gläser, in jedes Glas kommt ein Stückchen Zimtstange. Rotwein, Wasser und Zucker bringt man zum Kochen, läßt gut durchkochen und schüttet die Flüssigkeit, nachdem sie leicht abgekühlt hat, über die Birnen. Die Gläser werden mit Gummiring und Deckel verschlossen und 30 Minuten lang bei 90° im Kessel sterilisiert (Foto Nr. 9, Seite 18/19).

Ein schneller Einmachhelfer

Ein Dampfkonservierer spart Zeit und Energiekosten. Er (im Fachhandel erhältlich mit Gebrauchsanweisung) wird mit seinem Mundstück auf einen Flötenkessel, den man bis zum Ansatz mit Wasser gefüllt hat, gesetzt. Wenn das Wasser kocht, strömt der Dampf aus dem Konservierer, dessen flache Tülle zwischen gefülltem Einkochglas mit Gummiring und Deckel eingeführt wird. Das an der Tülle angebrachte Thermometer zeigt die Temperatur an. Bei Erreichen der Hitzegrade zieht man es zurück, der Deckel fällt auf den Gummiring, das Glas ist verschlossen. Jedes Glas sofort nach dem Einfüllen verschließen und mit Bügel versehen. Fertig!

Birnenkompott

2 kg Birnen
700 g Zucker
1 Zimtstange
1 ½ Liter Wasser

Die Birnen werden geschält, vom Kernhaus befreit und in Schnitze geschnitten. Diese kocht man in Zucker, Zimt und Wasser so lange, bis sie sich mit einer Stricknadel durchstechen lassen. Dann werden sie in vorgedämpfte Gläser gefüllt, mit dem Dampfkonservierer bei 80° verschlossen (immer ein Glas füllen, sofort verschließen).

Rhabarberkompott

3 kg Rhabarber
1800 g Zucker
1 ½ — 2 Liter Wasser

Der Rhabarber (möglichst jung und zart, damit er nicht geschält zu werden braucht) wird nach dem Waschen in 2—3 cm lange Stücke geschnitten. Diese werden in Wasser und Zucker einmal kurz aufgekocht. Man gibt das Kompott heiß in vorgedämpfte Gläser und verschließt — immer einzeln nacheinander — mit dem Dampfkonservierer bei 80°.

Apfelkompott

1500 g Äpfel
300 g Zucker
Saft einer Zitrone
etwas ger. Zitronenschale
1 Stange Zimt
Wasser

Die Äpfel werden geschält, in Schnitze geschnitten und vom Kernhaus befreit. Zukker, Wasser, Zitronensaft, ger. Zitrone und Zimt aufkochen lassen, bis sich der Zucker gelöst hat, die Apfelschnitze hineintun und ein paar Minuten ziehen lassen. In Gläser füllen, mit Gummiring und Deckel verschließen und 30 Minuten sterilisieren bei 90°.

Apfelkompott in Rotwein

1 l Rotwein
3 Pfund Äpfel
250 g Zucker
1½ Stangen Zimt
Saft einer Zitrone

Die Äpfel werden gewaschen, geschält, in Viertel geschnitten und vom Kernhaus befreit. Man läßt sie in Rotwein, Zitronensaft, Zucker und Zimt heiß werden, schichtet die Apfelschnitze in Gläser, gießt die Flüssigkeit darüber und sterilisiert sie im Einkochkessel 30 Minuten bei 90 Grad.

Erprobt ist beides

Die Einmachmethoden im Einkochkessel und mit dem Dampfkonservierer sind *für Obst* in eigener, über 50jähriger Familienerfahrung erprobt. Kompottrezepte werden daher für beide Methoden angegeben.

Quittenkompott

1500 g Quitten
375 g Zucker
¾ l Wasser
etwas Zitronensaft

Die Quitten werden geschält, vom Kernhaus befreit und in Stücke geschnitten. Sie werden mit Zitronensaft beträufelt und in Gläser geschichtet. Inzwischen hat man Zucker und Wasser gut durchkochen lassen, gießt die Flüssigkeit über die Quitten und sterilisiert 30 Minuten bei 90 Grad.
(Man kann auch eine Prise Ingwerpulver in die Zuckerlösung geben.)

Nr. 1: Himbeer-Rhabarber-Marmelade (S. 9), Nr. 2: Stachelbeer-Bananenmarmelade (S. 6), Nr. 3: Birnen-Kiwi-Marmelade (S. 8), Nr. 4: Aprikosen-Marmelade (S. 6), Nr. 5: Stachelbeer-Relish (S. 25), Nr. 65: Pfirsichmarmelade (S. 8), Nr. 7: Sauerkirschgelee (S. 14), Nr. 8: Brombeergelee (S. 14), Nr. 9: Rotweinbirnen (S. 17), Nr. 10: Pflaumen in

Heidelbeerkompott

3,5 kg Heidelbeeren
800—900 g Zucker

Die Heidelbeeren werden verlesen, gewaschen und abgetropft. Man läßt sie mit dem Zucker in einer Schüssel gut durchziehen, füllt mit dem gezogenen Saft und den Früchten die Gläser und sterilisiert im Einkochkessel 30 Minuten lang bei 80° (Foto-Nr. 12, S. 18/19).

Schwarze Johannisbeeren-Kompott

1 kg schwarze Johannisbeeren
400 g Zucker
1 Liter Wasser

Die Beeren werden von Kelch und Stiel befreit und gewaschen. Wasser und Zucker werden zusammen gut durchgekocht und abgeschäumt. Man gibt die Beeren hinein, läßt sie kurz kochen und stellt alles beiseite. Am nächsten Tag werden die Beeren im Zuckersud noch einmal erhitzt (nicht gekocht), in die vorgedämpften Gläser gefüllt und — je Glas immer sofort nach Füllung — bei 80° mit dem Dampfkonservierer verschlossen.

Vierfrucht-kompott

1500 g Himbeeren
500 g Sauerkirschen
500 g rote Johannisbeeren
500 g Erdbeeren
750 g Zucker
1½ Liter Wasser

Das Obst wird gewaschen, die Himbeeren verlesen, die Sauerkirschen entsteint, die Johannisbeeren abgestreift, die Erdbeeren vom Stiel befreit. Früchte, Wasser und Zucker läßt man einmal tüchtig aufkochen, gibt alles in vorgedämpfte Gläser, die man einzeln einfüllt und gleich mit dem Dampfkonservierer verschließt bei einer Temperatur von 80°.

Arrak (S. 24), Nr. 11: Eingelegte Orangenscheiben (S. 24), Nr. 12: Heidelbeerkompott (S. 18), Nr. 13: Himbeersaft (S. 32), Nr. 14: Kirschlikör (S. 33), Nr. 15: Heidelbeerlikör (S. 34), Nr. 16: Paprika-Tomaten-Chutney (S. 28)

Holunder-beerenkompott

1 kg Holunderbeeren
375 g Zucker
ger. Zitronenschale

Die Holunderbeeren werden abgestreift. Wasser und Zucker kocht man miteinander durch und läßt die Beeren darin aufkochen. Man füllt das Kompott in vorgedämpfte Gläser und verschließt bei 80 Grad mit dem Dampfkonservierer.

Erdbeer-kompott

2 kg Erdbeeren
300 g Zucker
1½ Liter Wasser

Die Erdbeeren werden verlesen, in ein Sieb gelegt und mit kaltem Wasser abgebraust. Wasser und Zucker werden aufgekocht und abgeschäumt, die Erdbeeren hineingelegt. Sie dürfen nur einmal aufgekocht werden, kommen dann sofort in vorgedämpfte Gläser und werden — stets einzeln gefüllt — sofort mit dem Dampfkonservierer bei 80° verschlossen.

Aprikosen-kompott

2 kg Aprikosen
500 g Zucker
1 Liter Wasser

Reife, feste Früchte werden gewaschen, überbrüht, abgezogen, halbiert und entsteint. Zucker und Wasser kocht man auf und gießt diese Zuckerlösung heiß über die in Gläser geschichteten Aprikosen. Die Gläser werden im Kessel bei 75° etwa 25—30 Minuten sterilisiert. Man läßt sie langsam abkühlen.

Pfirsich-kompott

(Foto auf S. 23)

2 kg Pfirsiche
500 g Zucker
1 Liter Wasser

Die Pfirsiche werden gewaschen, kurz überbrüht und abgezogen. Dann halbiert man sie, nimmt den Stein heraus und schichtet die Früchte mit der Schnittfläche nach unten in die vorbereiteten Einmachgläser. Zucker und Wasser werden aufgekocht und heiß über die Früchte gegossen. Die Gläser werden im Kessel 25—30 Minuten bei 75° sterilisiert. Langsam abkühlen!

Stachelbeer-kompott

2 kg Stachelbeeren
500 g Zucker
¼ Liter Wasser
eine halbe Vanilleschote

Blüte und Stiel werden von den Stachelbeeren entfernt. Die Früchte werden einmal durchstochen, damit sie nicht so leicht platzen. Zucker und Wasser kocht man zusammen auf mit dem ausgekratzten Inhalt der Vanilleschote. In dieser Zuckerlösung läßt man die gewaschenen Früchte ziehen, bis sie gelblich aussehen. Die Stachelbeeren werden in Gläser geschichtet und die heiße Zuckerlösung darüber gegossen. Im Einkochkessel werden die mit Bügel versehenen Einkochgläser bei 75° 25—30 Minuten sterilisiert (Foto Nr. 6, Seite 38/39).

Brombeer-kompott

1000 g Brombeeren
300 g Zucker

Die ganz reifen Brombeeren werden gewaschen, nachdem man sie gut ausgelesen hat, und abgetropft. Sie werden abwechselnd mit dem Zucker in Gläser geschichtet und 30 Minuten bei 75° sterilisiert.

Zwetschgen-kompott

2 kg Zwetschgen
500 g Zucker
1½ Liter Wasser
etwas ganzer Zimt

Die Zwetschgen werden gewaschen, halbiert und vom Kern befreit. Wasser und Zucker läßt man mit dem Zimt aufkochen, nimmt den Zimt heraus, schäumt ab und läßt in diesem Zuckersirup die halben Früchte ziehen, ohne daß sie dabei zerfallen dürfen (3—5 Minuten). Das Kompott wird rasch in vorgedämpfte Gläser gegeben, jedes einzelne Glas wird sofort nach Füllung mit dem Dampfkonservierer bei 80° verschlossen.

Ein bißchen Mogeln ist erlaubt!

Erdbeerkompott wird leicht beim Einkochen farblos. Um das zu verhindern, kann man entweder roten Einmachzucker verwenden oder statt eines Teils des Wassers dunkelroten Kirschsaft nehmen.

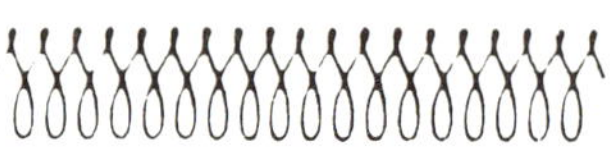

Kompott aus süßen Kirschen

2 kg Kirschen
500 g Zucker
1½ Liter Wasser

Am besten nimmt man eine festfleischige, rote Sorte. Die Kirschen werden gewaschen und entsteint. Wasser und Zucker kocht man zusammen auf, schäumt einmal ab und läßt die Kirschen darin kurz aufkochen. Das Kompott wird heiß in vorgedämpfte Gläser gegeben und mit dem Dampfkonservierer bei 80° verschlossen. Immer nur ein Glas füllen und gleich verschließen!

Sauerkirsch-kompott

Die Zubereitung ist die gleiche wie bei Kompott von süßen Kirschen, nur nimmt man für 2 kg Sauerkirschen 700 g Zucker.

Kompott aus gemischten Früchten

2 kg Pfirsiche
1 kg Birnen
375 g Zucker
1 Liter Wasser

Die Früchte werden gewaschen und abgetropft, die Pfirsiche abgezogen und entsteint, die Birnen geschält, halbiert und vom Kernhaus befreit. Das Obst wird in Gläser geschichtet, Wasser und Zucker gut durchgekocht und, wenn es etwas abgekühlt ist, lauwarm über die Früchte gegossen. Die Gläser werden mit Gummiring und Deckel verschlossen, mit Bügel versehen, im Einkochkessel 25 Minuten bei 75° sterilisiert (Foto Nr. 8, S. 38/39).

Reineclauden-kompott

2 kg Reineclauden
750 g Zucker
1½ Liter Wasser

Die Reineclauden werden nach gründlichem Waschen halbiert und entsteint. Man kocht Zucker und Wasser auf, schäumt einmal ab und legt die Reineclauden in die Zuckerlösung. Die Früchte sollen nur einmal aufkochen, dann werden sie sofort in die vorgedämpften Gläser gegeben und bei 80° mit dem Dampfkonservierer verschlossen.

Mirabellen-kompott

2 kg Mirabellen
500 g Zucker
1 Liter Wasser

Feste, reife Früchte werden gewaschen und entstielt. Man kann sie entweder entkernen oder nur (für den Geschmack besser) einmal einstechen, damit sie nicht platzen. Die Mirabellen werden in vorbereitete Gläser geschichtet. Zucker und Wasser werden zusammen aufgekocht und heiß über die Früchte gegossen. Man sterilisiert sie 20—30 Minuten im Kessel bei 75° und läßt sie langsam abkühlen. Zubereitung erfolgt wie bei Kirschen.

Kompott aus roten Johannisbeeren

5 Pfund rote Johannisbeeren
1000 g Zucker

Man wäscht die Johannisbeeren gut und läßt sie abtropfen, streift sie mit der Gabel von den Stielen. Man mischt die Beeren mit dem Zucker und füllt sie ohne Flüssigkeit in die Gläser. Sie werden 25 Minuten bei 90 Grad sterilisiert.

Hagebutten-kompott

1500 g Hagebutten
1 Liter Wasser
1 Glas Weinessig
2 El Zitronensaft
250 g Zucker

Von den weichen, reifen Beeren entfernt man Stiel und Blüte, halbiert sie und kratzt die Kerne gut aus. Zucker, Wasser, Essig und Zitronensaft bringt man zum Kochen und kocht die gewaschenen Früchte gut durch. Noch heiß in Gläser füllen, vorgedämpft bei 80° mit Dampfkonservierer verschließen.

Elsässer Großmutters Trick

Es klingt unglaublich — aber sie ist altbewährt, die Hausmachermethode, wenn man nur ein einzelnes Glas einmachen will. (Nur für Obst!)
Das Kompott wird nach Vorschrift gekocht, kochend heiß in das Glas gefüllt, mit Ring und Deckel versehen, und sofort umgestülpt auf den Kopf gestellt. Über Nacht stehen lassen, dann Bügel darüber, kühl aufbewahren.

Buntes Kompott

1 kg Mandarinen ohne Kern
500 g blaue Weintrauben
250 g helle Weintrauben
500 g Birnen
1 kleine Melone
300 g Zucker

Die Weintrauben entstielen und waschen; die Mandarinen schälen, in Schnitze teilen. Die Birnen schälen, vom Kernhaus befreien, in Viertel teilen, Melone schälen und in Stücke schneiden. Alle Früchte in eine Schüssel geben, darüber das gekochte Zuckerwasser gießen, 10 Minuten ziehen lassen. Dann in die vorbereiteten Gläser füllen und 25 Minuten bei 80—100° sterilisieren.

Himbeer-kompott

1000 g Himbeeren
200 g Zucker
ein paar Tropfen Zitronensaft

Die Himbeeren werden im Sieb mit Wasser überspült und abgetropft. Sie werden mit Zucker vermischt und mit Zitronensaft beträufelt in vorbereitete Gläser gefüllt und 20 Minuten bei 75 Grad sterilisiert.

Aprikosen-Apfel-Mus

1½ kg Äpfel
1½ kg Aprikosen
375 g Zucker
3 Päckchen Gelierzucker

Die Äpfel — es kann auch Fallobst sein — werden geschält und in Stücke geschnitten, mit wenig Wasser weich gekocht und durch ein Sieb passiert.
Die Aprikosen werden gewaschen, vom Stein befreit, ebenfalls in wenig Wasser gekocht und durch ein Sieb gestrichen. Man vermischt Apfel- und Aprikosenmasse, rührt den Zucker in das Mus, das wieder heiß gemacht worden ist und füllt es in die vorbereiteten Gläser bis gut 3 cm unter den Rand. Die Sterilisierzeit beträgt 30 Minuten bei 90°.

Und wie wär's mit dem Backofen?

Wer keinen Einkochkessel hat oder anschaffen will, kann auch auf den Backofen zurückgreifen. Die eingefüllten, mit Deckel, Gummiring und Bügel versehenen Gläser werden auf das mit ca. 1 cm hoch mit warmen Wasser gefüllte Pfannenblech des Backofens, der auf 175 Grad vorgeheizt wurde, gestellt. Nach etwa 45 Minuten steigen in den Gläsern Luftperlen auf, von diesem Zeitpunkt an wird die im Rezept angegebene Einkochzeit berechnet (s. auch die Anleitung jedes Herdfabrikates).

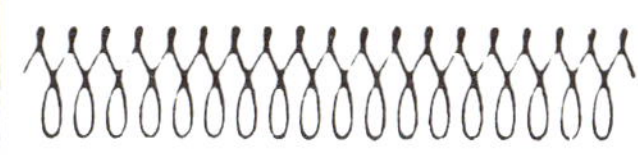

Preiselbeer-kompott

1250 g Preiselbeeren
½—¾ g Wasser
450 g Zucker

Wasser und Zucker werden zum Kochen gebracht, die verlesenen, gewaschenen und gut abgetropften Preiselbeeren kommen hinein und werden unter Rühren bei kleiner Hitze aufgekocht. Man füllt sie in Gläser, verschließt diese mit Gummiring, Deckel und Bügel und stellt sie in den vorschriftsmäßig mit Wasser gefüllten Einkoch-Kessel und sterilisiert sie 30 Minuten bei 90 Grad.

Preiselbeer-kompott mit Birnen

500 g Preiselbeeren
500 g kleine Birnen (Bergamott-Birnen)
250 g Zucker
½ Zimtstange
1½ l Wasser

Die Preiselbeeren werden nach dem Verlesen gewaschen, abgetropft, mit dem Zucker in einen Topf gegeben und zum Kochen gebracht. Inzwischen hat man die Birnen geschält, das Kerngehäuse ausgestochen und kocht sie nun mit dem Zimt und den Preiselbeeren kurz weich. Das Kompott wird heiß in vorgedämpfte Gläser gegeben und mit dem Dampf-Konservierer bei 80 Grad verschlossen.

Der kleine Unterschied

Ein anderes Rezept für Preiselbeeren findet sich noch bei „Beilagen". Dort wird soviel Zucker zugegeben, daß sich ein Sterilisieren erübrigt und die Gläser nur zugebunden werden müssen.

Mirabellenkompott: Rezept auf Seite 20

Aprikosen-Kiwi-Kompott

1 kg Aprikosen
6 Kiwis (etwa 400 g)
350 g Zucker
Saft einer Zitrone
¾ bis 1 Liter Wasser

Die gewaschenen Aprikosen werden überbrüht, von Haut und Stein befreit und halbiert. Die Kiwis enthäuten und in Scheiben schneiden. Zucker und Wasser kocht man auf, gibt den Zitronensaft dazu und gießt die Zuckerlösung über die in Gläser geschichteten Früchte. Sie werden 30 Minuten bei 75 Grad im Einmach-Kessel sterilisiert.

Himbeer-Sauerkirsch-Kompott

1000 g Himbeeren
750 g Sauerkirschen
400 g Zucker
etwas Zitronensaft

Die Himbeeren werden verlesen, abgebraust und abgetropft; die Sauerkirschen (gut reif und saftig) entstielt und entkernt. Man schichtet die Früchte lagenweise mit Zucker in Gläser, fügt einige aufgeschlagene Kirschkerne dazu, verschließt die Gläser und sterilisiert sie 25—30 Minuten bei 80°.

Holunderbeeren-Kompott mit Zwetschgen

1500 g Holunderbeeren
500 g Zwetschgen
300 g Zucker
¼ l Wasser

Zucker und Wasser werden gut durchgekocht. Man gibt die verlesenen, abgestreiften Holunderbeere und die entsteinten, halbierten Zwetschgen hinein und läßt alles noch einmal gut aufkochen, füllt es in vorbereitete Gläser und verschließt diese einzeln mit dem Dampfentsafter bei 80°.

Brombeer-Kompott mit Birnen

1 kg Brombeeren
1 kg Birnen
400 g Zucker

Zucker und Wasser werden stark aufgekocht, die verlesenen, gewaschenen und abgetropften Brombeeren sowie die geschälten, geviertelten, vom Kernhaus befreiten Birnen (nicht zu große Früchte nehmen!) hineingegeben und 1—2 Minuten gut durchgekocht. Man füllt das Kompott in vorbereitete Gläser, die man einzeln bei 80° mit dem Dampfentsafter verschließt.

Zweierlei Mus

Mus gibt es als Brotaufstrich und als Dessert. Die Mus-Rezepte auf dieser Seite sind eine Abwandlung des Kompotts, enthalten nicht so viel Zucker und müssen daher eingekocht werden.

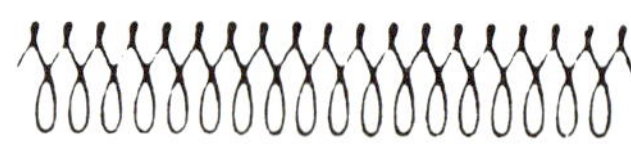

Apfelmus

3 kg Äpfel
250—300 g Zucker
Saft einer Zitrone

Von den gewaschenen, in Viertel geschnittenen Äpfeln (es kann auch Fallobst sein) wird das Kernhaus entfernt. Sie werden, gerade mit Wasser bedeckt, weichgekocht und durch ein Sieb gestrichen. Man vermischt das Mus mit Zucker und Zitronensaft, füllt es, bis 3 cm unter den Rand, in gläser, verschließt diese und sterilisiert sie 30 Minuten bei 90°.

Aprikosen-Mus

3 kg Aprikosen
300—400 g Zucker
1 Vanilleschote

Man entkernt die gewaschenen Früchte, halbiert sie und läßt sie, mit Wasser knapp bedeckt, gut weichkochen. Sie werden durch ein Sieb gepreßt, mit dem Zucker und dem ausgekratzten Inhalt der Vanilleschote gut verrührt und so in vorbereitete Gläser gefüllt, daß die Masse 3—4 cm unter dem Rand bleibt. Die Sterilisierzeit beträgt 30 Minuten bei 90°.

Pfirsichkompott, halbiert und mit ganzen Früchten: Rezept auf S. 19

Manche mögen's kalt

Alle roten Kompotte sind, mit hellen Puddings serviert, ein Augenschmaus, ganz abgesehen von der Gaumenfreude. Besonders zu empfehlen: für festlichen Besuch: Vanille-Eis mit Beeren-Kompott!

Beschwipste Zwetschen

Zur Haltbarmachung der Zwetschen sorgt hier der Rum. Dieses unkomplizierte Rezept ist schnell herzustellen. Man nehme:

3 kg Zwetschen
½ Flasche Rum
¼ l Weinessig
500—750 g Zucker
2 Gewürznelken
2 TL Zimt

Die Zwetschgen waschen und abtrocknen. Mit einem Hölzchen mehrere Male einstechen und in Gläser aufkochen und abgekühlt über die Früchte gießen. Es empfiehlt sich, die Früchte über Nacht zugedeckt stehen zu lassen und am nächsten Tag die Flüssigkeit noch einmal abzugießen und aufzukochen. Nun zum zweiten Mal abgekühlt über die Zwetschen gießen. Die Gläser können jetzt mit Cellophanpapier verschlossen werden.
Mit diesen eingelegten Zwetschen können Sie später einen Vanillepudding oder ein passendes Speiseeis — oder ein Gericht Ihrer Wahl — geschmackvoll ergänzen.

Hagebuttenmark

500 g Mark, 500 g Zucker
etwas Weißwein

Die Hagebutten sorgfältig waschen, halbieren und entkernen. In einer Porzellanschüssel in Wein eingeweicht vier bis fünf Tage kühl stellen. Nun die Früchte durch ein Haarsieb streichen und mit dem Zucker vermengen. Fruchtmasse unter ständigem Rühren zum Kochen bringen. Heiß in Gläser füllen, mit Cellophanpapier abdecken und zubinden.

Rezepte für Süßsaures und Delikates

Schwarze Nüsse

1000 g grüne, unreife Nüsse (die Schale muß auf jeden Fall noch weich sein)
1250 g Zucker
¼ Liter Wasser
12 Nelken
2 Stangen Zimt
1 Messerspitze geh. Muskat

Von den Nüssen schneidet man am oberen und unteren Ende je eine kleine Scheibe ab, sticht jede Nuß 3—4mal mit einer Nadel ein und legt die Früchte in kaltes Wasser, das sie bedecken muß. Man läßt sie 14 Tage stehen, erneuert aber jeden Tag das Wasser. Dann werden sie blanchiert (= einmal aufgekocht). Wieder kommen sie in kaltes Wasser und bleiben über Nacht stehen. Zucker und ¼ l Wasser werden mit den Gewürzen aufgekocht und über die Nüsse, von denen das Wasser abgeschüttet wurde, gegossen. Das wiederholt man siebenmal; beim siebten Mal wird die Zuckerlösung dick eingekocht und mit den Nüssen zusammen noch einige Minuten bei sanfter Hitze weitergekocht. In einen Steingut-Topf werden die Nüsse mit den Nelken und dem Stangenzimt geschichtet und mit der Zuckerlösung übergossen. Man bedeckt den Topf mit Cellophan, bindet ihn zu und stellt ihn kühl.

Essig-Pflaumen

3 Pfund Pflaumen
2 Pfund Zucker
1 Flasche Weinessig
¼ Liter Rotwein
2 Stangen Zimt
5 ganze Nelken
etwas Zitronensaft und -schale (ungespritzt)

Die Pflaumen werden gewaschen, abgetrocknet und mit einem Holzspießchen mehrmals durchstochen. Dann werden sie in einen großen Steingut-Topf geschichtet. Essig, Rotwein, Zucker und Gewürze läßt man unter Rühren einige Minuten aufkochen, gießt die Flüssigkeit noch heiß über die Pflaumen und deckt den Topf mit einem Deckel zu. Man läßt ihn an einem kühlen Ort stehen, kocht die Flüssigkeit nach 24 Stunden wieder auf und gießt den Sud über die Früchte. Dieser Vorgang wird noch zweimal nach je 24 Stunden wiederholt. Nach dem letzten Mal wird der Steingut-Topf mit Cellophan bedeckt, das mit einem Gummiring festgehalten wird, und mit Etikett für Inhaltsangabe und Herstelldatum versehen und kühl aufbewahrt.

Pflaumen in Arrak

500 g ganze Pflaumen
250 g brauner Kandis
1 Zimtstange
1 Flasche Arrak

Die gewaschenen Pflaumen gibt man in ein Sieb und läßt dieses ein paar Minuten in kochendes Wasser hängen, nimmt es heraus und läßt die Früchte abtropfen. Die Pflaumen werden mit Kandis in ein großes Glas oder in einen Topf geschichtet, der Zimt wird dazwischengelegt und das Ganze wird mit Arrak begossen, so daß die Früchte gut bedeckt sind. Das Glas wird mit Cellophan und Gummiring verschlossen. Vor der ersten Entnahme des Inhaltes muß es mindestens 1 Monat im Keller (oder an einem kühlen Ort) gut durchgezogen haben (Foto Nr. 10, S. 18/19).

Eingelegte Orangenscheiben

4—6 ungespritzte Orangen
500 g Zucker
1 Fl. Rum oder Wodka
⅛ l Wasser

Die Orangen werden gründlich gewaschen, abgetrocknet und mit einem scharfen Messer in ca. ½ cm dicke Scheiben geschnitten. Zukker und Wasser bringt man zum Kochen, legt die Orangenscheiben portionsweise ein und läßt sie jeweils knapp weich werden. Dann werden sie herausgenommen. Sie werden in einen Steingut-Topf oder in ein großes Glas geschichtet. Zuckerlösung und Rum (Wodka) wird darübergegossen. Dann Gefäße mit Cellophan, wie allgemein üblich, abdecken und zubinden (Foto Nr. 11, S. 18/19).

Topf oder Glas?

Das liegt bei Ihnen — möglich ist beides für süß-sauer oder pikant Eingelegtes. Für größere Mengen eignen sich besonders gut die braunen oder auch die grau-blaugemusterten Steinguttöpfe. Für kleinere Mengen empfehlen sich Gläser. Hübsch zugebunden und beschriftet sind sie ein nettes Mitbringsel!

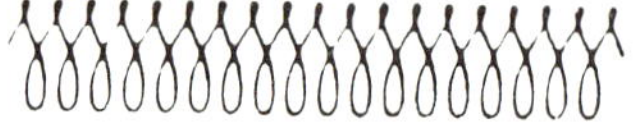

Eingelegter Kürbis

(Foto auf S. 30)

1 kg Kürbis
¼ Liter Sherry
⅓ Liter Estragon-Essig
1 Päckchen „Kürbisfest“
1 Zehe Knoblauch
1 kandierte Ingwerfrucht
½ Ingwerwurzel
1 Stange Zimt
5 Nelken
750 g Zucker

Der geschälte und geputzte Kürbis wird in fingergroße

Stücke geschnitten, halb weich gekocht und abgetropft. Man läßt Essig, Zucker, Sherry und die Gewürze aufkochen, legt die Kürbisstücke hinein und läßt noch einmal aufwallen. Dann gibt man die Kürbisstücke in einen Steintopf, gießt die Flüssigkeit darüber, streut „Kürbisfest" dazu, läßt alles erkalten und bindet dann mit Cellophan- oder Pergamentpapier den Topf zu.

Kastanien in Sirup

500 g Eßkastanien
300 g Zucker
1 Vanilleschote
1 l Wasser

Man schneidet die Kastanien kreuzweise ein und legt sie für einige Minuten in kochendes Wasser; dann lassen sie sich leicht von den Häuten befreien. Nun kocht man sie 20 Minuten in 1 Liter Wasser und nimmt sie heraus. Zucker und Vanille werden ins Kochwasser gegeben und zu Sirup eingekocht, in dem die Kastanien eine halbe Stunde ziehen müssen. Gläser füllen und zubinden.

Stachelbeeren in Wein

1½ kg Stachelbeeren
1 kg Zucker
½ Liter milder Weißwein
1 Stange Zimt
3—4 Nelken
1 Vanilleschote

Stiele und Blüten von den Stachelbeeren entfernen, die Beeren waschen, abtropfen und in einen Steintopf legen. Zucker, Wein und Gewürze unter Rühren 12 Minuten kochen, den Sirup über die Beeren gießen. Zudecken, über Nacht stehen lassen. An beiden darauffolgenden Tagen Flüssigkeit abschütten, aufkochen, heiß über die Beeren gießen. Am 3. Tag die Stachelbeeren mit dem Sirup noch einmal auf dem Herd bis zum Kochen kommen lassen, alles wieder in den Steintopf geben. Den Topf gut verschließen und zubinden.

Stachelbeer-Relish

1 kg Stachelbeeren
500 g Zwiebeln
200 g Sultaninen
300 g Zucker
2 EL Salz
½ TL Pfeffer
1 TL gemahlener Ingwer
1 EL Senfkörner
¼ Liter Weinessig

Die Stachelbeeren werden gewaschen, von Blüte und Stiel befreit und in Stücke geschnitten. Die Zwiebeln schält man, hackt sie klein, die gewaschenen Sultaninen halbiert man. Alles zusammen wird mit dem Zucker, den Gewürzen und der Flüssigkeit aufgesetzt und zum Kochen gebracht. Bei mittlerer Hitze läßt man es 25—30 Minuten unter Rühren einkochen, füllt es in Gläser ab, die man zubindet (Foto S. 38/39, Nr. 5).

Kürbis-Pickles

2 kg festes Kürbisfleisch
6 scharfe kleine Pfefferschoten
½ Liter Weinessig
½ Liter Wasser
750 g Einmachzucker
2 EL Salz
1 TL Pfefferkörner
1 Stück Ingwer
Man nimmt einen kleinen, noch nicht ganz reifen Kürbis.

Das Kürbisfleisch in kleine Würfel schneiden, Essig und Wasser aufkochen, über die Kürbiswürfel geben und 12 Stunden stehen lassen. Dann die Kürbisstückchen herausnehmen, die Essiglösung mit Zucker und Gewürzen (die man in ein Mullsäckchen eingebunden hat) zum Kochen bringen und die Kürbisstücke und die aufgeschnittenen Pfefferschoten darin glasig kochen. In Gläser füllen und mit dem Dampf-Konservierer (siehe Kompott) verschließen (Foto S. 38/39, Nr. 1).

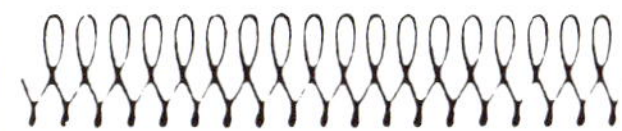

Rindfleisch mit Beilagen — Samstags immer!

Das gekochte Rindfleisch hatte früher am Samstag seinen festen Platz auf dem Speisezettel. Der Grund: am Sonntag gab's die köstliche Bouillon! Neben dem stattlichen Stück Rindfleisch standen viele kleine Schüsselchen auf dem Tisch: all die herrlichen selbstgemachten Beilagen: schwarze Nüsse, Essigpflaumen, süß-saure Gurken, Preiselbeeren und manches andere.
Das Beispiel ist auch heute noch nachahmenswert!

Amorello-Chutney

450 g Sauerkirschen (ohne Stein)
600 g Zucker
¼ l Rotwein
1 kl. Glas Weinessig
1 Prise gemahl. Nelken
½ Zimtstange
einige Pfefferkörner
½ TL Ingwerpulver

Kirschen waschen, entsteinen und halbieren. Die Früchte mit Zucker, Rotwein und den Gewürzen eine gute Viertelstunde kochen lassen. Heiß in Gläser füllen, die man zubindet.

Gurken in Rot- oder Weißwein und Essig

1½ kg Gurken
1 l Wein
¼ l Weinessig
700 g Zucker
12 Nelken
3 Stangen Zimt
1 Prise Kardamom
einige Pfefferkörner

Weinessig, Zucker und Gewürze werden einige Minuten gekocht. Die gewaschenen, geschälten Gurken werden halbiert, das Innere mit dem Löffel herausgekratzt. Man gibt die Gurken in die Zucker-Wein-Essig-Lösung und läßt sie gut durchziehen; sie müssen glasig aussehen, wenn man sie herausnimmt und in Gläser schichtet. Die Flüssigkeit wird darübergegossen, die Gläser werden verschlossen. Am übernächsten Tag wird die Wein-Zucker-Essig-Lösung noch einmal aufgekocht und erneut über die Gurken gegossen. Gläser zubinden.

Süß-saure Gurken (siehe unten)

Süß-saure Gurken

1 kg Gurken (Salatgurken)
½ Pfund Zucker
¼ Liter Weinessig
½ Liter Wasser
1 Stange Zimt
6—8 Nelken

Die gewaschenen Gurken werden dünn geschält und längs halbiert, die Kerne mit einem Löffel herausgekratzt. Dann schneidet man sie in etwa fingerlange Stücke. Der Essig wird mit Wasser, Zucker und den Gewürzen unter Rühren aufgekocht und abgeschäumt. Dann legt man die Gurkenstückchen in den Sud und kocht sie bei ganz kleiner Hitze, bis sie glasig sind. Die Gurkenstücke werden herausgenommen, der Sud so lange weitergekocht, bis er anfängt, dicklich zu werden. Die Gurken werden erneut hineingelegt und müssen 5 Minuten darin durchziehen. Die Gurkenstücke schichtet man jetzt in einen Steingut-Topf, läßt den Sud noch einmal aufwallen und gießt ihn heiß über die Gurken. Der Topf wird mit Cellophan verschlossen und mit Kordel zugebunden.

Gewürzgurken

5 Pfund kleine Einmachgurken
1½ Liter Wasser
¾ Liter Essig
5 g Weinsteinsäure
1 Paket Salizyl
90 g Salz
¼ Pfund Zucker
Gewürze: Senfkörner, Lorbeerblatt, Estragon

Die Gurken werden in Wasser gründlich gebürstet, dann abgetrocknet. Man schichtet sie mit den Gewürzen in große Steingut-Töpfe. Wasser, Essig, Salz und Zucker werden miteinander aufgekocht, Weinsteinsäure und Salizyl hineingerührt und heiß über die Gurken gegossen. Man läßt sie erkalten, kocht den Sud am nächsten Tag noch einmal gründlich durch und schüttet ihn erneut über die Gurken. Dann werden die Töpfe zugebunden und kühl und dunkel aufbewahrt.

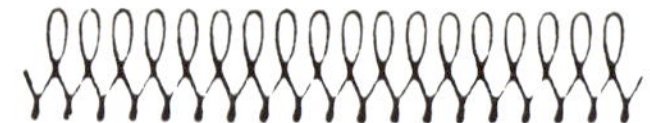

Fondue bourgignonne verlangt nach Chutneys und Relishes!

Keine Angst vor Fremdworten! Sie sind schnell erklärt: Fondue bourgignonne besteht aus Fleischstückchen (Rind, Schwein, Kalb), die an langen Gabeln aufgespießt, in heißem Fett, unter dem ein Flämmchen brennt, kurz gegart werden. Chutneys sind dicke Obstsaucen, stark gewürzt. Relishes heißt übersetzt „Appetit-Anreger". Auch sie sind dickliche Saucen, auf Gemüsebasis, oft mit Zwiebeln.
Zum Fondue bourgignonne sind beide unentbehrliche Zugaben — je mehr, desto besser!

Aprikosen-Pfirsich-Chutney

125 g Aprikosen
125 g Pfirsiche (gekochte Früchte, Marmelade oder

Trockenobst)
1 große Zwiebel
½ Tasse Wasser
1½ Tassen Zucker
1 EL Rosinen
½ TL Zimt
1 TL Ingwerpulver
1 Msp. Cayenne-Pfeffer
1 TL Salz
2 Tassen Essig

Die kleingeschnittenen Früchte werden mit der gehackten Zwiebel, dem Essig, dem Wasser und allen anderen Zutaten zum Kochen gebracht und unter ständigem Rühren ungefähr 30—40 Minuten zu einem dicken Brei eingekocht, heiß in Gläser gefüllt und zugebunden.

Rumtopf

Ein Rumtopf ist nicht mit einem Einlegevorgang von Früchten beendigt; man „arbeitet" an ihm vom frühen Sommer bis zum Herbst — solange es frisches Obst gibt.

Das Verhältnis von Früchten zu Zucker beträgt immer 2:1, also auf 1 kg Obst 500 g Zucker; an Rum muß immer soviel verwendet werden, daß die Früchte im Topf bedeckt sind. Man beginnt den Rumtopf am besten mit Erdbeeren und nimmt

500 g Erdbeeren
250 g Zucker
1 Flasche Rum (mind. 54%)

Die Erdbeeren werden gewaschen, abgetropft, von Stielen befreit und mit Zucker lagenweise in eine Schüssel gegeben. Man läßt sie eine Stunde kühl durchziehen. Nun schichtet man Früchte und Zucker in einen großen Steinguttopf (denken Sie daran, daß er für viele Obstsorten reichen muß!) und gießt soviel Rum darüber, daß die Früchte 2—3 cm mit Rum bedeckt sind. Um das An-der-Oberfläche-Schwimmen der Früchte zu verhindern, kann man ein Brettchen auflegen. Der Topf wird mit Cellophan verschlossen und zugebunden. Der Inhalt sollte ab und zu einmal umgerührt werden (ca. alle 14 Tage).

Je nach Saison legt man nun weitere Früchte ein, immer auf 1 Pfund Frucht ein halbes Pfund Zucker und genügend Rum. Das Obst muß immer gut gewaschen und geputzt, Steinobst vom Kern befreit sein. Gut geeignet sind: Stachelbeeren, süße und saure Kirschen (mit Stein), Aprikosen (Haut abziehen), Pfirsiche (Haut abziehen), Birnen (geschält, geviertelt, ohne Kernhaus), Brombeeren, Himbeeren. Wichtig ist, daß zum Rumtopf nur einwandfreie, möglichst vollreife Früchte verwendet werden.

Für den Rumtopf eignet sich jede Frucht

Grüne Mandeln in Zucker

500 g Mandeln
500 g Zucker
1 Vanilleschote
2 EL Zitronensaft
1 Tasse Wasser

Die unreifen grünen Mandeln werden in heißes Wasser gelegt. Die pelzige Schale der Mandeln läßt sich dann abziehen. Sie werden in leichtem Essigwasser weichgekocht und anschließend abgespült. Der Zucker wird mit dem Wasser, der Vanille und dem Zitronensaft zu Sirup eingekocht, in den die Mandeln gelegt und 2—3-mal aufgekocht werden. Am nächsten Tag und am übernächsten kocht man sie noch einmal auf. Die Mandeln werden dann herausgenommen und in Gläser gelegt. Sirup dick einkochen und kalt über die Mandeln gießen.

Petersburger Früchtetopf

500 g Kürbiswürfel
500 g Birnen
250 g Kirschen
250 g Pflaumen
600 g Zucker
¾ l Weißwein
¼ l Essig
2 knappe TL Senfmehl

Obst waschen und die Stiele entfernen, Kürbis und Birnen schälen und von Kernen befreien. Zucker, Wein und Essig unter Rühren zum Kochen bringen und mit Birnenschnitzen und Kürbiswürfeln 10 Minuten bei schwacher Hitze kochen lassen, dann Pflaumen und Kirschen dazu tun und 5 Minuten weiter kochen. Die Früchte vorsichtig mit der Schaumkelle herausnehmen und in einen Topf legen. Die Kochflüssigkeit durch ein Sieb gießen und auf dem Herd im Kochtopf zu Sirup kochen, wobei ständig gerührt werden muß. Jetzt kommt das Senfmehl dazu, der Sirup wird warm über die Früchte gegossen. Nach dem Erkalten den Topf zubinden.

Senfkirschen

1 kg Sauerkirschen
1 kg Gelierzucker
Saft von 2 Zitronen
1 EL Senfkörner
1 TL Butter

Die gewaschenen, abgetropften Kirschen werden von Stiel und Stein befreit. Man verrührt sie mit dem Zucker und läßt sie 24 Stunden ziehen. Dann gibt man sie mit Butter, Zitronensaft und den in ein Mulltüchlein gebundenen Senfkörnern auf den Herd, bringt die Masse zum Kochen. Unter Rühren 4 Minuten gründlich kochen lassen, in Gläser füllen, zubinden (Foto Nr. 2, S. 38/39).

Chilis, süß-sauer

250 g Chilis, rot oder grün oder gemischt
125 g kleine Schalotten
½ l Kräuteressig
Pfefferkörner, Senfkörner
½ Tasse Zucker
2 EL Salz

Die Chilis werden gründlich gewaschen, von den Stielen befreit sowie mit einer Gabel durchstochen (letzteres ist wichtig, damit die Einlegeflüssigkeit gut durchziehen kann). Der Essig wird mit der gleichen Menge Wasser, dem Zucker und den Gewürzen zum Kochen gebracht. Die Chilis und die vorher abgezogenen Schalotten läßt man in der Flüssigkeit 1—2 Minuten kochen, nimmt sie heraus und schichtet sie in ein Gefäß (Glas oder Steintopf). Die Flüssigkeit wird noch einmal gut durchgekocht und kochend heiß über Chilis und Schalotten gegossen. Am nächsten Tag noch einmal wiederholen. Die Flüssigkeit muß das Gemüse bedecken. Glas zubinden.

Paprika-Tomaten-Chutney

1 rote, 1 grüne Paprikaschote
500 g Tomaten
250 g Zwiebeln
4—6 EL Essig
200 g brauner Kandis
4 Nelken
etwas Salz und Pfeffer
einige Pfeffer- und Senfkörner
1 Lorbeerblatt
1½ TL Ingwerpulver

Die Paprikaschoten werden aufgeschnitten und die Kerne daraus entfernt. Die Tomaten überbrüht man mit kochendem Wasser, zieht sie ab und schneidet sie, wie die Paprika, in Würfel. Die Zwiebeln werden geschält und kleingehackt. Alles zusammen setzt man mit dem Essig, dem Kandis und den Gewürzen auf und läßt es 40—50 Minuten unter ständigem Rühren kochen. Die Masse wird dann in Gläser gefüllt, die zugebunden werden (Foto S. 18/19, Nr. 16).

Süß-saure Brombeeren

1500 g Brombeeren
750 g Zucker
1 Flasche Rotwein-Essig
1 Glas Portwein

Die Brombeeren werden verlesen und gewaschen. Man bringt sie mit Essig, Portwein und Zucker zum Kochen, läßt einige Minuten gründlich durchkochen und füllt sie in einen Steingut-Topf.

Perlzwiebeln in Essig

500 g Perlzwiebeln
Zur Marinade:
½ l Weinessig
einige Pfeffer- und Senfkörner
2 Lorbeerblätter
1 TL Zucker
1 EL Salz

Die Perlzwiebeln werden geschält, nicht zu weich gekocht und in Gläser gefüllt. Die Marinade wird aufgekocht und kochend über die Zwiebeln gegossen. Nachdem alles abgekühlt ist, werden die Gläser zugebunden.

Für stille Genießer

Zwei nahe Verwandte des Rumtopfes:
Sauerkirschen in Cognac und
Waldhimbeeren in Rum.

Gut gereinigte Sauerkirschen (ein Teil davon behält die Hälfte des Stieles) werden schichtweise mit reichlich Zucker in Gläser gelegt und mit Cognac übergossen, so daß sie bedeckt sind.

Die Waldhimbeeren werden ebenso bereitet, nur wird hier hochprozentiger Rum verwendet.

Bohnen „Surprise“

1 kg grüne Bohnen
250 g Zwiebeln
1 Liter Rotwein-Essig
2 EL Zucker
2 Lorbeerblätter
½ Knoblauchzehe
3 Gewürznelken
Senf- und Pfefferkörner
frischer Estragon

Die Bohnen werden gewaschen, abgetropft, abgefädelt und gebrochen. Man gibt sie mit den geschälten und in Stücke geschnittenen Zwiebeln in kochendes Salzwasser, nimmt sie nach einigen Minuten heraus, läßt sie abtropfen — schichtet sie, dazwischen mit Salz bestreut, in Gläser, die 48 Stunden kühl stehen bleiben sollen. Die währenddessen gezogene Flüssigkeit wird abgegossen. Zucker, Rotwein-Essig und Gewürze werden zum Kochen gebracht; nach kurzem Aufkochen gießt man sie über die Bohnen; die Gläser werden mit Deckel, Gummiring und Einkochbügel verschlossen und im Einkochkessel 60 Minuten bei 98° sterilisiert (wie bei Kompott, siehe dort).

Süß-saure Tomaten

1000 g Tomaten (unreif)
1 l Weinessig
300 g Zucker
Lorbeerblatt
etwas Koriander
6—8 Pfefferkörner
Salz

Die gewaschenen Tomaten werden mit der Gabel durchstochen und mit Weinessig, Zucker und den Gewürzen ein paar Minuten gekocht. Man nimmt die Tomaten heraus, läßt den Essig-Zuckersud noch etwas kochen und gießt ihn dann über die in Gläser geschichteten Tomaten.
(Wer ganz sicher gehen und die Tomaten lange aufheben will, gibt alles in Weckgläser und sterilisiert 20 Minuten bei 80 Grad.)

Cumberland-Sauce

3—4 EL Johannisbeergelee
1 TL Senf
1 Weinglas Rotwein
1 Gläschen Curaçao
etwas gerieb. Orangenschale

Alles wird gut zusammen verrührt und in ein kleines Glas gefüllt. Diese Sauce ist nur begrenzt haltbar.

Tomaten-Chutney

1 kg grüne Tomaten
¾ Tasse Weinessig
15 ganz kleine Chilischoten
200 g Zucker
1 Tasse Wasser
3 Stück Ingwer
10 Nelken
1 TL Salz
1 TL weißer Pfeffer

Die Tomaten werden gewaschen, gebrüht, abgezogen und geviertelt. Dann setzt man sie mit allen anderen Zutaten kalt auf, läßt aufkochen und schäumt ab. Bei kleiner Hitze wird (ohne Deckel) der Sud so lange weitergekocht, bis er sirupähnliche Dicke hat. Noch heiß wird er in Gläser gegossen, die zugebunden werden.

Ingwer-Birnen

3 getrocknete Ingwer-Wurzeln
1,5 kg grüne feste Birnen
¼—½ l Weinessig
1 kg Zucker
1 Zimtstange
1½ l Wasser

Essig, Zimt und Zucker werden mit dem Wasser 10 Minuten gekocht. Die geschälten, vom Kernhaus befreiten, geviertelten Birnen kommen hinein und müssen 5—10 Minuten kochen. Die Fruchtstücke werden herausgenommen und in einen Steingut-Topf geschichtet. Die Flüssigkeit läßt man noch 15 Minuten kochen und gibt sie über die Birnen. Am nächsten Tag wird der Saft wiederum gekocht und über die Früchte gegossen. Gläser mit Cellophan abschließen.

Preiselbeeren

2 kg Preiselbeeren
1 kg Zucker

Die Preiselbeeren werden verlesen und gewaschen. Sie werden mit Zucker und 1½ Tassen Wasser aufgesetzt und 20 Minuten unter ständigem Rühren gekocht, dann abgeschäumt, in einen Steingut-Topf gefüllt und zugebunden.

Pikant eingelegte rote Bete (rote Rüben)

100 g kleine, runde rote Bete
Zur Marinade:
½ l Weinessig
⅛ l Wasser
½ Stange kleingeschnittener Meerrettich
1 Lorbeerblatt
6 schwarze Pfefferkörner
1 TL Kümmel
je 1 TL Zucker und Salz
3 Nelken
3 feingeschnittene Zwiebeln

Die gewaschenen roten Bete, mit kaltem Wasser gerade bedeckt, zum Kochen kommen lassen und (etwa 30 Minuten) bei mittlerer Hitze weiter kochen lassen. Nach Abkühlung werden sie geschält, in Scheiben geschnitten und in einen Steintopf (oder großes Glas) geschichtet, die Marinade wird aufgekocht und über die Bete gegossen. Topf nach Erkalten zubinden und kühl aufbewahren.

Man kann die Marinade auch variieren:

½ l Weinessig
⅛ l Wasser
einige Pfefferkörner und Nelken
Ingwer und Muskat (nach Geschmack)

Das weiß die „kalte Mamsell"

Alle eingelegten Gemüse passen hervorragend zu kalten Platten.

Süße rote Bete

1 kg rote Bete
Zur Marinade:
1 kg Einmachzucker
Saft von 3—4 Zitronen
2 Nelken
½ Stange Zimt
½ Vanilleschote

Die gut gewaschenen und geschälten rote Bete werden mit Wasser, das sie gerade bedeckt, 20 Minuten langsam weichgekocht. Man fügt den Zucker und die Gewürze hinzu, schäumt immer wieder ab und läßt sie kochen, bis sie weich sind. Die Bete werden herausgenommen, in Scheiben geschnitten, in Gläser oder Steintöpfe gelegt und mit der gesiebten, dick eingekochten Marinade übergossen, Gläser zubinden.

Kürbis, eingeweckt und eingelegt: Rezept auf S. 31

Eingelegter Blumenkohl

2 mittlere Blumenkohlköpfe, möglichst fest
Zur Marinade:
½ l Weinessig
⅛ l Wasser
10 Pfefferkörner
3 Lorbeerblätter
6 Körner Piment
1 TL Zucker
1 EL Salz

Der Blumenkohl wird gut gewaschen, in Röschen geteilt und in schwach gesalzenem Wasser 8—10 Minuten gekocht. Nach dem Abtropfen wird er in Gläser geschichtet. Die Marinade wird aufgekocht und kochend darüber gegossen; nach einem Tag wird sie abgegossen und nochmals aufgekocht, wieder darüber gegossen. Dann werden die Gläser zugebunden.

Blumenkohl auf östliche Art

2 recht feste Blumenkohlköpfe
Marinade:
3 Tassen Öl (Sonnenblumen-)
1 TL Chilipulver
½ TL Paprika
1 TL Koriander
1 TL Senfpulver
1 Prise Curry
1 EL Salz

Der Blumenkohl wird gut gewaschen, in Röschen geteilt und in schwach gesalzenem Wasser 8—10 Minuten gekocht.

Pikanter Porree (Lauch)

6—8 Lauchstangen, recht fest
Marinade:
½ l Weinessig
⅛ l Wasser
10 Pfefferkörner
3 Lorbeerblätter
6 Körner Piment
1 TL Zucker
1 EL Salz

Man schneidet den Lauch, nachdem man ihn gewaschen, von Wurzelansatz und Dunkelgrün befreit hat,in ca. 3—4 cm lange Stücke und läßt ihn in schwach gesalzenem Wasser nicht zu weich kochen (ca. 8—10 Minuten) und dann abtropfen.
Die Marinade wird aufgekocht und darübergetan. Am nächsten Tag die Marinade abgießen, noch einmal aufkochen und wieder über den Blumenkohl gießen, Gläser zubinden.

Bunter Kürbistopf mit Calvados

1 kg Kürbis (geschält und entkernt)
½ kg Zwetschgen
125 g Korinthen
½ l Weinessig
½ l Rotwein
400 g Zucker
1 Stange Zimt
etwas Ingwergewürz
½ l Calvados

Wein, Essig, Zucker und Gewürze werden gut durchgekocht, der in Würfel geschnittene Kürbis hineingetan. Man läßt ihn ziehen, bis er glasig ist (etwa 10 Minuten bei kleiner Flamme). Die entsteinten Pflaumen und die Korinthen kocht man mit dem Kürbis in der Flüssigkeit auf, schichtet die Früchte in ein Glas und gießt den heißen Sud, dem man den Calvados hinzugefügt hat, darüber. Gläser gut zubinden.

Kürbis auf süßsaure Art

5 kg Kürbis
3 kg Zucker
2 Tassen Weinessig
2 Tassen Wasser
Ingwer, Nelken

Kürbis aufschneiden, Inneres mit Kernen herauslösen, dick schälen, in Streifen zerlegen, zerstückeln. 12 Std. in verdünntem Essig. Zutaten aufkochen, abgetropfte Kürbisstücke hineingeben, langsam glasig kochen. Mit Schaumlöffel in heiße Gläser füllen. Eingedickten Saft darübergießen. Zubinden, kühl aufbewahren.

Heidelbeeren eignen sich gut zur Likörbereitung: Rezept S. 34

Fenchel eingelegt

6—8 mittelgroße Fenchelknollen
3—4 Schalotten
3/8 l Wein, 1/2 l Weinessig
1/2 Tasse Sonnenblumenöl
Salz, 2 EL Zucker
Pfefferkörner
1/2Tl Provencekräuter

Die Finocchi werden gewaschen, geputzt und in Hälften geschnitten. Man läßt sie in schwach gesalzenem Wasser 8—10 Minuten weichkochen und dann abtropfen.
Die Fenchelknollen schichtet man mit den fein geschnittenen Schalotten in ein Gefäß. Wein, Essig, Öl, Gewürze und ein Schuß von dem Gemüse-Kochwasser werden durchgekocht und heiß über die Finocchi gegossen. Nach 24 Stunden schüttet man die Flüssigkeit ab und läßt sie noch einmal aufkochen. Nach dem Erkalten schüttet man sie wieder über das Gemüse und bindet das Glas zu.

Die aus allen Zutaten gut gemischte Marinade gießt man über den abgetropften, in Gläser geschichteten Blumenkohl, läßt einen Tag durchziehen, rührt dann einmal alles gut durch und bindet die Gläser zu.

Zucchini mit Kräutern

1000 g Zucchini
200 g Schalotten (kleine Zwiebeln)
Thymian, Rosmarin, Estragon (je 1 Zweiglein)
Melisse
2 Lorbeerblätter
10—12 Pfefferkörner
einige Salzkörner
2 EL Salz, 100 g Zucker
1 l Weinessig

Man schneidet die gewaschenen Zucchini, von denen Stiel und Spitze entfernt worden sind, in 1/2 bis 1 cm dicke Scheiben. Die Schalotten werden abgezogen, die Kräuter verlesen und gewaschen. Die Zucchini-Scheiben werden mit den Schalotten und den Kräutern in Gläser geschichtet, der Essig mit ca. 1/2 Liter Wasser, Pfeffer- und Senfkörnern, Lorbeerblättern sowie Salz und Zucker gut durchgekocht. Dieser Sud kommt heiß über die Zucchini, die Gläser werden zugedeckt und müssen über Nacht stehen. Der abgegossene Sud wird nochmals gekocht und wieder über die Zucchini gegeben. Die Gläser werden gut verschlossen.
Nach Belieben kann man aber auch die Zucchini mit Tomaten ansetzen. Hierzu werden die Tomaten gewaschen, gebrüht, abgezogen und geviertelt. Dann, wie im Rezept angegeben, mit den Zucchini, den Schalotten und den Gewürzen in Gläser schichten. Dieses Zucchini-Tomaten-Gemisch hat auch einen reizvollen farblichen Effekt.

Rezepte für Obstsäfte und Liköre

Saftgewinnungsmethode I

Sie stammt noch aus Großmutters Zeit, ist aber heute noch bewährt. Das mit der im Rezept angegebenen Wassermenge gekochte Obst wird durch ein Mulltuch geschüttet, das man an den vier Beinen eines auf den Tisch gekippten Küchenstuhles festgebunden hat. Schüssel darunter stellen und den Saft über Nacht ablaufen lassen. Der Saft wird mit der angegebenen Zuckermenge aufgekocht, abgeschäumt, heiß in die ausgespülten Flaschen gegossen und mit ausgekochten Gummikappen sofort verschlossen.

Himbeersaft

2 kg Himbeeren
½ Liter Wasser
(auf 1 l Saft 400 g Zucker)

Die Himbeeren werden verlesen, gut gewaschen und abgetropft. Dann zerdrückt man sie und bringt sie mit dem Wasser zum Kochen. Den Fruchtbrei läßt man durch ein Mulltuch in eine Schüssel ablaufen. Früchte nicht drücken! Jetzt wird der Saft abgemessen, mit der erforderlichen Menge Zucker (siehe oben) verrührt, zum Kochen gebracht und 5 Minuten gekocht. Er wird sofort in Flaschen gefüllt und gleich mit den vorbereiteten Gummikappen verschlossen (Foto Nr. 13, S. 38/39).

Gekochte Säfte

Kirschen
1 Liter Saft
500 g Zucker

Rhabarber
1 Liter Saft
500 g Zucker

Birnen
1 Liter Saft
450 g Zucker

Erdbeeren
1 Liter Saft
400 g Zucker

Saftgewinnungsmethode II

Hier verwendet man einen Dampfentsafter. Das Prinzip der Saftgewinnung ist einfach: durch den Dampf des im Einkochkessel befindlichen Wasseruntersetzers werden die in einem Korb darüberhängenden Früchte entsaftet. Der Saft sammelt sich in dem ebenfalls im Kessel befindlichen Auffanggerät und kann durch den beigefügten Schlauch in Flaschen abgelassen werden, die man sofort mit Gummikappen verschließt (jedem Dampfentsafter liegt eine Gebrauchsanweisung bei).

Johannisbeersaft

2 kg rote Johannisbeeren
400—500 g Zucker

Die Johannisbeeren werden gewaschen, abgetropft und von den Stielen gestreift (am besten mit einer Gabel). Früchte und Zucker werden in den Dampfentsafter geschichtet, der untere Behälter wird mit Wasser gefüllt, der Topf zusammengesetzt und geschlossen. Man bringt das Wasser zum Kochen und läßt 45 Minuten kochen. Ist die Kochzeit beendet, wird der Saft in die vorbereiteten Flaschen gefüllt, die sofort verschlossen werden.
Nach einer dieser beiden Saftgewinnungsmethoden können Sie aus vielen Früchten Saft machen. Der Vorgang ist immer der gleiche, wir geben Ihnen im folgenden daher nur die jeweils erforderlichen Mengen an Früchten und Zucker an.

Johannisbeer-Himbeer-Saft

1000 g Johannisbeeren (rot)
1000 g Himbeeren
400 g Zucker
Saft einer Zitrone

Die vorbereiteten, abgestielten und gewaschenen Johannisbeeren sowie die verlesenen und vorsichtig abgebrausten Himbeeren werden mit dem Zucker und dem Zitronensaft in den Dampfentsafter gefüllt, das Wasser im Entsafter wird zum Kochen gebracht. Nach einer Kochzeit von 45 Minuten wird der Saft in vorbereitete Flaschen gefüllt, die man sofort verschließt.

Säfte durch Dampfentsaftung

Heidelbeeren
2 kg Heidelbeeren
200 g Zucker
Kochzeit 45 Minuten

Pfirsich
2 kg Pfirsiche
100 g Zucker
Kochzeit 45 Minuten

Kirschen (süß und sauer)
2 kg gemischte Kirschen
100—150 g Zucker
Kochzeit 45 Minuten

Holunderbeeren
2 kg Holunderbeeren
150 g Zucker
Kochzeit 30 Minuten

Saft-gewinnungs-methode III für rohe Säfte

Die Früchte, vorzugsweise Beeren, werden ohne Zuckerzusatz durch die Fruchtpresse gegeben, der Saft mit Zucker wird sofort auf Flaschen gezogen, die man noch 25 Minuten im Wasserbad erhitzt und dann verschließt.
Begrenzte Haltbarkeit!

Erdbeersaft (rot)

3 kg Erdbeeren
1 Liter Wasser
30 g Zitronensäure
2 EL Zitronensaft
etwas abgeriebene Zitronenschale (ungespritzt)
auf 1 Liter Saft jeweils 750 g Zucker

Die Erdbeeren wäscht man, befreit sie von Stiel und Blüte, schneidet sie klein und gibt sie in eine Schüssel (Porzellan). Zitronensäure und Wasser werden verrührt über die Erdbeeren gegossen; 24 Stunden kühl stellen. Der Saft wird durch ein an den vier Beinen eines umgedrehten Küchenstuhles befestigtes Mulltuch gegossen und genau abgemessen. Auf 1 Liter Saft kommen 750 g Zucker, beides wird gründlich miteinander verrührt, bis der Zucker vollständig aufgelöst ist. Den Saft in vorbereitete Flaschen füllen, sie mit ausgekochten Gummikappen verschließen. Kühl lagern, begrenzt (ca. 3 Monate) haltbar.
Es lassen sich roh einmachen: Säfte von Äpfeln (Verwendung von Fallobst), Himbeeren, Johannisberen. Ebenfalls unter Verwendung von rohen Früchten werden Schnäpse und Liköre hergestellt. Wir haben für Sie einige Rezepte mit „Pfiff" ausgesucht — Liköre, wie Sie sie zum Teil im Angebot des Handels nicht finden werden.

Sanddornsaft

2 kg Sanddornbeeren

Die gut verlesenen und gewaschenen Sanddornbeeren gibt man roh durch eine Fruchtpresse. Der gewonnene Saft wird kalt in Flaschen gefüllt, die man verschließt. Der Saft hält sich, ungekocht, wenn man ihn an einem kühlen, dunklen Ort aufbewahrt.

Kirschlikör

(Foto auf S. 19, Nr. 14)

200 g Sauerkirschen
200 g weißer Kandis
1 kleine Zimtstange
1 Nelke
1 Stück Orangenschale
1 Flasche Korn (oder Kirschwasser)

Die Kirschen werden gewaschen, entstielt und entsteint. Sie werden mit dem zerkleinerten Kandis, der Nelke, der Orangenschale in Flaschen gefüllt. Auch einige zerschlagene Kirschkerne tut man dazu. Der Alkohol wird darübergegossen. Die Flaschen bleiben 6—8 Wochen stehen. Danach wird die Flüssigkeit gefiltert (durch Mulltuch oder Filterpapier), auf Flaschen gefüllt, die verschlossen werden. Einige Zeit ruhen lassen.

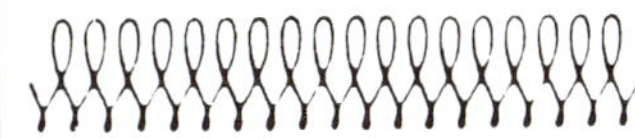

Rote Grütze

Ein köstlich-sommerliches Dessert aus selbstgemachtem Saft (auch mit Kompott gemischt) von Himbeer- und Johannisbeeren und Kirschen.
1 l Saft wird mit etwas Zitronenschale (ungespritzt) und 4 guten Eßlöffeln Zucker zum Kochen gebracht. Man zieht es vom Feuer, rührt 125 g Sago (oder Grieß oder Mondamin) hinein, läßt unter Rühren kurz aufkochen und süßt nach Geschmack noch etwas nach. Man füllt die Masse in eine kalt ausgespülte Form. Nach dem Erkalten ist die Rote Grütze zu stürzen. Sie wird mit Sahne oder warmer Vanillesauce gereicht.

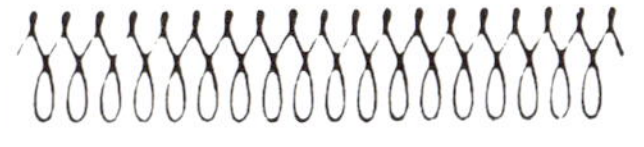

Schwarzer Johannisbeer-likör

1000 g Johannisbeeren
10 Johannisbeerblätter
1 Liter Alkohol (45 %)
1 Stückchen Zimt
600 g Zucker

Die Beeren werden gut gewaschen, abgetropft und von den Stielen befreit; die Blätter gewaschen, abgetrocknet und zwischen den Fingern zerbröselt.
Blätter und Zimt werden in ein großes Glas gelegt, die Johannisbeeren darauf geschichtet und mit dem Alkohol übergossen. Alles wird mit einem Tuch überdeckt. Zwei Monate ziehen lassen!
Der Zucker wird mit etwas Wasser aufgelöst und einmal aufgekocht.
Der Inhalt des Glases wird durch ein Tuch gesiebt, die Johannisbeeren dabei gut ausgedrückt. Der abgekühlte Zuckersirup wird in die Flüssigkeit gemischt und alles auf Flaschen gefüllt. Vor dem Trinken einen Monat lagern!

Selbstgemachter Curaçao

4—6 Orangen (ungespritzt)
2 l Weingeist (96 %)
2 l Wasser
Zum Karamell:
½ Tasse Wasser
2—4 EL Zucker

Die hauchdünn geschnittenen Orangenschalen werden in dem Alkohol verteilt und in Flaschen drei Wochen lang zum Destillieren hingestellt. Die Flaschen werden nur mit durchstochenem Papier verschlossen. Dann kocht man den Zucker mit dem Wasser auf und gießt den Alkohol (ohne die Schalen) in das warme Zuckerwasser und rührt alles gut durch.
Zur Färbung und zum richtigen Aroma nimmt man nun 2—4 Eßlöffel Zucker, läßt ihn in der Pfanne zergehen, bis er dunkelbraun wird. Dann fügt man Wasser hinzu, damit es flüssig bleibt, und gießt den Karamell in den Schnaps. Alles gut durchrühren, durch ein Tuch oder Filterpapier geben, auf Flaschen ziehen und sorgfältig verschließen.

Nuß-Likör

½ Liter Alkohol
30 grüne Nüsse (Ende Juni / Anfang Juli)
500 g Zucker
3—4 Körner Anis

Die grünen (unreifen!) Nüsse gibt man in einen Steintopf oder in eine große Flasche und läßt sie, zusammen mit dem Alkohol und dem Anis, 30 Tage ziehen. Aus ½ l Wasser und 500 g Zucker wird ein Sirup gekocht und in die Nuß-Alkoholmischung gegossen. Man siebt alles zusammen durch und füllt es auf Flaschen.

Wer Sorgen hat, hat auch Likör

Aber er schmeckt auch sonst, wenn man vergnügt ist. Das Fruchtaroma bei selbsthergestellten Likören ist unvergleichlich — da kann kein noch so teurer gekaufter Stoff mithalten. Darum finden Sie hier einige Rezept-Tips zur Zubereitung.

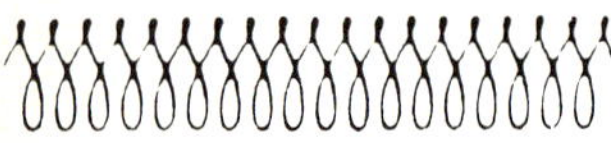

Heidelbeerlikör

200 g Heidelbeeren
150 g Kandis, weiß oder braun
1 Gläschen Rum
1 Flasche Korn

Die Heidelbeeren werden verlesen, gewaschen und gut abgetropft. Dann gibt man sie mit dem Rum und dem zerstoßenen Kandis in Flaschen und gießt den Korn darüber. Die Flaschen werden verkorkt. Man läßt die Flüssigkeit 6—8 Wochen durchziehen, filtert dann durch ein Mulltuch (oder Filterpapier), füllt auf Flaschen und verschließt sie (Foto S. 19, Nr. 15). Heidelbeerlikör soll unbedingt 2—3 Monate lagern, bevor die Flasche angebrochen wird.

Hagebuttenlikör

400—500 g Hagebutten
150 g weißer Kandis
1 Flasche Korn

Die Hagebutten werden von Blüte und Stiel befreit, halbiert und von allen Kernen und Härchen gereinigt. Jetzt werden sie noch einmal gewaschen und in Flaschen gefüllt. Der zerkleinerte Kandis wird darauf verteilt, der Korn darüber gegossen. Die gut verschlossenen Flaschen sollen 2 Monate an kühler Stelle durchziehen. Danach wird der Likör gefiltert und auf Flaschen gezogen, die zugekorkt werden (Foto S. 39, Nr. 9). Man kann den gewaschenen Früchten, wenn sie in die Flaschen gefüllt werden, auch eine Spur echte Vanille (aus einer Vanilleschote gekratzt) zusetzen.

Quittenlikör

1500 g Quitten
250 g Zucker
½ l Birnengeist
1 Vanilleschote

Die gut abgeriebenen Quitten werden mit der Rohkostreibe geraspelt; man läßt sie über Nacht stehen, deckt sie zu und stellt sie an einen kühlen Ort. Tags drauf werden sie durch ein Sieb gepreßt. Der Quittensaft — ungefähr ½ l — wird bei kleiner Flamme mit dem Zucker gekocht (4—5 Minuten), dann kalt gestellt. Das ausgeschabte Innere der Vanilleschote mit dem Birnengeist vermischen, alles in Flaschen füllen und verschließen. Man läßt den Likör 12 Wochen ruhen, filtert ihn durch ein Tuch oder Filterpapier und füllt wieder in Flaschen, die man verschließt. Vor dem Genuß 2—3 Monate stehen lassen.

Brombeerlikör

(Foto S. 39, Nr. 7)
200 g reife Brombeeren
150 g weißer Kandis
1 Zimtstange
1 Flasche Korn

Die Brombeeren werden gewaschen und gut abgetropft. Dann füllt man sie mit dem zerkleinerten Kandis und der in Stücke gebrochenen Zimtstange in Flaschen, gießt mit Korn auf und läßt sie mindestens 6—8 Wochen durchziehen. Nach dieser Zeit wird die Flüssigkeit durch ein Tuch gefiltert, auf Flaschen gezogen, die verschlossen werden. Man sollte, vor dem ersten Verbrauch, den Likör noch ein paar Wochen ruhen lassen, damit sich der Geschmack voll entwickeln kann (Foto Nr. 7, S. 34).

Apfelsinenschnaps

1 Liter reinen Alkohol (96 %)
1 Liter Wasser
500 g Zucker
Schale von 3—4 ungespritzten Apfelsinen

Wasser und Zucker werden zusammen so lange aufgekocht, bis die Flüssigkeit klar ist. Wenn sie etwas abgekühlt ist, vermischt man sie mit dem Alkohol und fügt die fein abgeschabte Schale der Apfelsinen dazu, rührt tüchtig um, füllt alles in Flaschen, die man mit Mull zubindet, und läßt sie an einer warmen Stelle 4—6 Wochen stehen. Dann wird die Flüssigkeit durch ein Filtrierpapier oder ein Mulltuch geschüttet, auf Flaschen gefüllt, die zugekorkt werden.

Cherry-Brandy

2½ Pfund Sauerkirschen
1¼ l hochprozentigen Alkohol
1 l Wasser
1 Pfund Zucker
1 Südweinglas Kirschwasser

Kirschen entsteinen, in 1 Liter Alkohol auf Gläser verteilen. Ein Viertel der Kerne im Mörser zerstoßen und im restlichen Viertelliter Alkohol in einem Extra-Glas aufsetzen. Alles 4 Wochen, möglichst in der Sonne, ruhen lassen. Dann gießt man den Alkohol von Kirschen und Kernen ab, 1 l Wasser wird mit 1 Pfund Zucker aufgekocht und nach dem Erkalten mit dem Alkohol vermischt. Man gibt das Kirschwasser dazu, verrührt alles und läßt es durch Filtrierpapier laufen, füllt es auf Flaschen.
(Besonders hübsch sieht es auch, wenn man beim Servieren in jedes Glas eine eingelegte Sauerkirsche tut.)

Die Rezepte zum Foto rechts finden Sie auf den folgenden Seiten: Mohrrüben und Erbsen S. 36, Bohnen S. 37, Pfeffergurken S. 39!

WECK

Gemüse — schmackhaft wie noch nie

Standard-Rezept I

Gemüse, roh eingekocht

Gemüse waschen, putzen, wenn nötig zerkleinern. Roh in die Einmachgläser, fast bis zum Rand, einfüllen. Klares, schwach gesalzenes Wasser bis 2 Fingerbreit unter den Rand hineingießen und die vorgeschriebene Zeit sterilisieren.

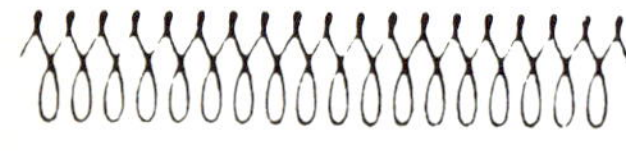

Gurken

Reife Gurken werden geschält, von den Kernen befreit und in fingerlange Stücke geschnitten. Man kocht sie in leicht gesalzenem Wasser nicht allzu weich, schichtet sie in Gläser und gießt die Kochbrühe darüber. Die Sterilisierzeit beträgt 30 Minuten bei 98 Grad.

Mohrrüben

Die Mohrrüben werden gut gewaschen, gebürstet, gründlich geschabt und in Scheiben oder Würfel geschnitten. Sie werden, vorschriftsmäßig vorgekocht, in Gläser gefüllt, mit Wasser bis 2 cm unter den Rand aufgegossen und 60 Minuten bei 98 Grad sterilisiert.

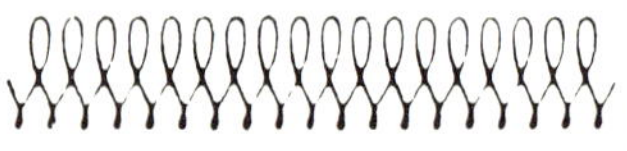

Zart muß es sein, jung muß es sein

— und möglichst noch zu früher Morgenstunde gepflückt. Wer Gemüse aus dem eigenen Garten einmachen kann, braucht sich keine Sorgen um Frische und etwa verkehrte Düngung zu machen, er kann sein Gemüse roh einkochen. Für die, die auf Markt und Gärtnerei angewiesen sind, empfiehlt es sich, nur vorgekochtes Gemüse einzumachen.

Nicht jeder kommt aus Schwetzingen

Auch nicht ganz ansehnlicher Spargel kann gut eingemacht werden, vorausgesetzt, er ist frisch. Die Zubereitung ist dieselbe wie bei Stangenspargel. Aus diesem Bruchspargel läßt sich unter Bereitung einer hellen Mehlschwitze, die man mit Eigelb und etwas Sahne legiert und den Bruchspargel hineingibt, ein köstliches Spargelgemüse bereiten.

Spargel

Den Spargel waschen und sehr gründlich schälen. Man überbrüht ihn zweimal mit kochendem Wasser und läßt ihn je 10 Minuten darin ziehen. Er wird aus dem zweiten Wasser herausgenommen, vorsichtig mit den Köpfen nach unten, und,nachdem man ihn auf Glaslänge gekürzt hat, in die Gläser gefüllt. Mit kochendem, schwach gesalzenen Wasser bis 2 cm unter den Rand auffüllen und 90 Minuten bei 98 Grad sterilisieren.

Karotten

Mit Karotten verfährt man wie bei Mohrrüben, läßt sie aber ganz, nachdem man sie gut gewaschen und geschabt hat. Man kann dem Kochwasser eine Prise Zucker hinzufügen.

Erbsen

Die Erbsen werden ausgepult, vorgekocht, 1 Prise Zucker dazu und in Gläser gefüllt. Achtung: die Erbsen nicht zusammendrücken, sondern locker einfüllen, da sie noch nachquellen! Schwach gesalzenes Wasser, gut 2 Fingerbreit bis unter den Rand, darübergießen und 60 Minuten bei 98 Grad sterilisieren.

Standard-rezept II

Gemüse, vorgekocht

Gemüse waschen, putzen, evtl. zerkleinern, in schwach gesalzenem Wasser 3—6 Minuten vorkochen. Aus dem Wasser nehmen, kochend oder kalt in Gläser schichten, mit heißem, leicht salzigem Wasser aufgießen, sterilisieren.

Sommer-Gemüse

Blumenkohl, Bohnen, Möhren, Erbsen

Das vorbereitete Gemüse wird in leicht gesalzenem Wasser vorgekocht und in Gläser gegeben. Man fügt jedem Glas eine Prise Zucker hinzu und füllt bis 2 cm unter den Rand schwaches Salzwasser auf.
Die Gläser werden 60 Minuten bei 98 Grad sterilisiert.

Für Pilz-Liebhaber

Nur frisch gepflückte, möglichst junge Pilze soll der Sammler einkochen, die er genau kennt, und das auch *gleich* nach dem Sammeln. Bei ihnen müssen Stiel, Lamellen und Hut auch nicht unbedingt abgeschabt werden.

Steinpilze

(Nur frische!) Steinpilze putzen, von der braunen Haut befreien und die Lamellen abschaben. Bis auf die ganz kleinen Pilze werden sie halbiert oder in Viertel oder Achtel geschnitten. Dann kocht man sie in schwachem Salzwasser, dem man etwas Zitronensaft beigefügt hat, 5 Minuten lang. Mit der Schaumkelle herausnehmen, heiß in die Gläser schichten, das noch etwas eingekochte Pilzwasser darübergießen, 60 Minuten bei 98 Grad sterilisieren.

Pfifferlinge

Ganz frische Pfifferlinge werden geputzt, die größeren in Scheiben oder Hälften geschnitten, gut gewaschen und abgetropft. Der Boden eines Kochtopfes wird mit schwach gesalzenem Wasser gerade bedeckt; die Pilze kommen hinein und müssen (ohne Deckel!) 10 Minuten im eigenen Saft dünsten, bei kleiner Flamme. Dann nimmt man sie mit einer Schaumkelle heraus und legt sie sofort in Gläser. Der Pilzsaft wird noch ein paar Minuten weitergekocht, durchgesiebt und über die Pilze bis 2 cm unter den Rand gegossen. Einkochzeit: 60 Minuten bei 98 Grad.

Champignons

Die Champignons werden geputzt (sie müssen klein und ganz frisch sein), abgetropft und unter Beigabe von ganz wenig Wasser im eigenen Saft (Topf offen lassen!) gekocht. Man gibt sie gleich in vorbereitete Gläser. Der durchgesiebte Pilzsaft wird darüber gegossen (2 cm bis unter den Rand). Einkochzeit: 60 Minuten bei 98 Grad.

Nachschauen lohnt sich!

Die Gläser mit eingemachtem Gemüse sollten besonders sorgfältig geprüft werden, ob sie auch gut verschlossen bleiben. Hat sich ein Glas geöffnet, ist die Flüssigkeit trübe geworden, und hat sich ein Bodensatz gebildet, muß der Inhalt weggeschüttet werden!

Bohnen

Die Bohnen werden gewaschen, von den Fäden befreit und an den Enden abgeschnitten. Brechbohnen in Stücke brechen, Schnittbohnen fein schnippeln (handelt es sich um ganz junge Bohnen, läßt man sie ungeschnitten).
Man kocht die Bohnen vor nach Standardrezept II, gibt sie in Gläser, tut Wasser darüber bis 2 cm unter den Rand und sterilisiert 60 Minuten bei 98 Grad.

Die richtige Temperatur

Alle Gemüse werden, zwar unterschiedlich lang, aber stets bei 98 Grad, sterilisiert. Einzige Ausnahmen: Tomaten (s. Rezepte).

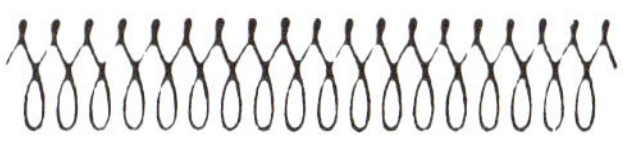

Tomatenmark

Die möglichst reifen Tomaten werden in Stücke geschnitten und, ohne Wasserzugabe, unter ständigem Rühren zu Mus gekocht. Dann passiert man sie durch ein Sieb, füllt das Mus heiß in die Gläser und sterilisiert 30 Minuten bei 90 Grad.

Grüne Paprika-Schoten

(zum Füllen)

Die gut gewaschenen Paprikaschoten werden von Stiel und allen Kernen befreit; dazu schneidet man die Kuppe flach ab und holt die Kerne heraus. Sie werden in schwachem Salzwasser 5 Minuten gekocht. Man gibt die Schoten, ineinandergesteckt, in Gläser, gießt gekochtes, aber abgekühltes Salzwasser bis 2 cm unter den Glasrand darüber und sterilisiert sie 60 Minuten bei 98 Grad.

Sellerie

Der Sellerie wird gewaschen, geputzt, in Streifen geschnitten. In schwach gesalzenem Wasser, dem man einen Schuß Essig und eine Prise Zucker hinzugefügt hat, wird er gut 5 Minuten gekocht. Man läßt ihn abtropfen, füllt ihn in Gläser und gibt die Kochflüssigkeit bis 2 cm unter den Rand darüber. Die Einkochzeit beträgt 90 Minuten bei 98 Grad.

Schwarzwurzeln

Die Schwarzwurzeln werden geschabt — etwa noch vorhandene schwarze Augen ausgeschnitten — und in Essigwasser gründlich gewaschen. Dann kocht man sie in Wasser, dem man ebenfalls einen Schuß Essig hinzugefügt hat, 5 Minuten vor, tut sie auf ein Sieb und läßt kaltes Wasser darüber laufen. Nach dem Abtropfen schichtet man sie in Gläser, schüttet leicht gesalzenes kochendes Wasser darüber und sterilisiert 90 Minuten bei 98 Grad.

Tomaten

Die ganzen Tomaten für 1—2 Minuten in kochendem Wasser abbrühen und die Haut abziehen. Man legt sie in die vorbereiteten Gläser, übergießt sie mit Salzwasser und sterilisiert 30 Minuten bei 85 Grad.

Wieviel geht in ein Glas?

Für 1-l-Gläser braucht man
Erbsen 500—600 g
Bohnen (Brech-) 500 g
Schnitt-Bohnen 600 g
Schwarzwurzeln 750 g
Spargel 750 g
Tomaten 600 g

Spinat

Der gut gewaschene geputzte Spinat (möglichst jung und frisch gepflückt) wird 10 Minuten in Salzwasser gekocht und abgetropft. Man gibt ihn entweder feingehackt (bzw. durch den Wolf gedreht) oder in ganzen Blättern gelassen in Gläser, füllt mit dem Kochwasser auf und sterilisiert 60 Minuten bei 98°.

Sauerampfer

Sehr zarter frischer Sauerampfer wird von den Stengeln befreit, gut gewaschen und abgetropft. Man schichtet ihn, fest aufeinander gedrückt, in Gläser, die man vorschriftsmäßig verschließt. Die Gläser müssen solange sterilisiert werden, bis der Saft, der aus dem Sauerampfer austritt, zu kochen beginnt (ca. 60 Minuten und länger).

Rosenkohl

Der Rosenkohl wird sorgfältig geputzt und gewaschen. Man kocht ihn einige Minuten in schwachem Salzwasser, schichtet ihn in vorbereitete Gläser und gießt leicht gesalzenes, klares Wasser bis 3 cm unter den Rand des Glases hinzu. Die Einkochzeit beträgt 60 Minuten bei 98°.

Streifen geschnitten. Überbrühte Tomaten enthäuten und in Scheiben schneiden. Achten Sie darauf, daß Sie für dieses Gericht nur schnittfeste Tomaten verwenden, damit sie nach dem Kochprozeß auch noch erkennbar sind. Man schichtet sie lagenweise mit den Paprika in Gläser (bis 3 cm unter den Rand) und gießt leicht gesalzenes Wasser bis zu ¾ der Glaswand-Höhe zu. Nach Verschließen der Gläser sterilisiert man diese 60 Minuten bei 98°

Zucchini

Die Zucchini werden gut gewaschen. Schneiden Sie das Stilende und die Spitze ab und teilen Sie die Früchte in ½ cm dicke Scheiben, die man in schwach gesalzenem Waser mit einem Zweiglein Dill vorsichtig nicht zu weich kocht, schichtet sie — nach Entfernung des Dills — in Gläser, schüttet das Kochwasser bis zu ¾ der Glashöhe darüber und verschließt die Gläser. Einkochdauer: 30 Min. bei 98°.

Nr. 1: Kürbis-Pickles (S. 25), Nr. 2: Senfkirschen (S. 28), Nr. 3: Birnenmarmelade (S. 8), Nr. 4: Mandarinen-Sellerie-Marmelade (S. 9), Nr. 5: Stachelbeer-Relish (S. 25), Nr. 6: Stachelbeerkompott (S. 20), Nr. 7: Brombeerlikör (S. 34), Nr. 8: Kompott aus gemischten

Paprika-Tomaten-Gemüse

Grüne und gelbe Paprikaschoten werden in Viertel geteilt, von Stielen und Kernen befreit und in schmale

Blumenkohl

(Dasselbe gilt für Broccoli.) Ein sorgfältig geputzter, vom Strunk und den Blättern befreiter Blumenkohl wird 20 Minuten in Salzwasser gelegt. Dann teilt man ihn in kleine Röschen und kocht ihn einige Minuten vor. Die Röschen werden in vorbereitete Gläser geschichtet, schwach gesalzenes Wasser darüber gegossen (2 cm unter den Rand) und 60 Minuten bei 98 Grad sterilisiert.

Rotkraut

Der Rotkohl wird geputzt und, nachdem der Strunk entfernt worden ist, in feine Streifen geschnitten (oder gehobelt). Man kocht ihn in Wasser auf, dem man Essig, Salz und Zucker nach Geschmack zugefügt hat, läßt ihn abtropfen, füllt ihn in Gläser und übergießt ihn bis zu ¾ Höhe der Glaswand mit heißem, klaren Wasser. Die Sterilisierzeit für Rotkraut beträgt 60 Minuten bei 98°.

Fenchel

Von den Fenchelknollen werden die braunen Stellen und der Boden entfernt, das obere Grün wird abgeschnitten. Die Knollen werden halbiert oder geviertelt und in leichtem Salzwasser mit einer Prise Zucker, einigen Aniskörnern und dem kleingeschnittenen Fenchelgrün halbweich gekocht. Dann schichtet man sie in Gläser, füllt bis ¾ der Glaswandhöhe mit Wasser auf und sterilisiert 60 Minuten bei 98°.

Früchten (S. 20), Nr. 9: Hagebuttenlikör (S. 34), Nr. 10: Erdbeermarmelade (S. 6), Nr. 11: Apfel-Guaven-Gelee (S. 14), Nr. 12: Pflaumenmarmelade (S. 11), Nr. 13: Rhabarbermarmelade (S. 9), Nr. 14: Johannisbeergelee (S. 13)

Pfeffergurken

(Siehe Foto S. 35)

Gürkchen
Zwiebeln, Lorbeerblätter
Dill, Estragon, Paprika
Pfefferkraut oder weißer/schwarzer Pfeffer, Essig

Kleine, fleckenlose Gürkchen waschen, abbürsten und mit Salz vermengt über Nacht in Topf stehen lassen. Mit Gewürzen, geschnetzelten Paprika und Zwiebelringen in Gläser füllen, Essiglösung (2 Teile Essig, 1 Teil Wasser) kochen und darübergießen. 20 Min. bei 90° einkochen.

Zwiebeln, eingelegt

1 kg Perlzwiebeln
4 EL Salz
0,5 l Weinessig
4 gemahlene Gewürznelken
evtl. etwas Koriander
1 TL frisch gemahlener weißer Pfeffer

Die Zwiebeln in Wasser aufkochen lassen und danach sofort in Eiswasser legen. Das obere und untere Ende abschneiden, so daß man leicht die Häute abziehen kann. Die Zwiebeln nun mit Salz bestreuen und sie von Zeit zu Zeit wenden, damit sie von allen Seiten mit Salz bedeckt sind. In dieser Salzlösung sollten sie ingesamt einen Tag und eine Nacht eingelegt bleiben. Hinterher werden die Zwiebeln abgespült und abgetupft.

Essig mit den Gewürzen zum Kochen bringen und abgekühlt über die in sterilisierten Gläsern eingelegten Zwiebeln gießen. Die Gläser verschließen und möglichst ein Vierteljahr an kühlem Ort ruhen lassen.

Jahres-Einmachkalender für

Obst	Jan.	Febr.	März	April	Mai	Juni	Juli	Aug.	Sept.	Okt.	Nov.	Dez.
Ananas	●	●	●	●								●
Äpfel	●	●						●	●	●	●	●
Aprikosen						●	●	●				
Bananen										●	●	●
Birnen									●	●	●	●
Bohnen							●	●	●			
Brombeeren							●	●	●			
Erdbeeren					●	●	●					
Gurken								●	●			
Hagebutten								●	●	●		
Heidelbeeren						●	●	●	●			
Himbeeren							●	●				
Holunderbeeren								●	●	●		
Johannisbeeren						●	●	●				
Kirschen süß					●	●	●					
Kirschen sauer						●	●	●				
Kürbisse								●	●	●		
Melonen							●	●	●	●		
Mirabellen							●	●				
Orangen	●	●									●	●
Pfirsiche							●	●	●			
Pflaumen								●	●	●		
Preiselbeeren Quitten								●	●	●		
Reineclauden							●	●	●			
Rhabarber						●	●					
Sanddorn								●	●	●		
Stachelbeeren							●	●				
Tomaten							●	●	●			
Weintrauben									●	●	●	
Zitronen	●	●	●							●	●	●

(Die Zeitangaben beziehen sich auf die Erntezeit der Früchte bei uns in Deutschland. Obst aus dem Ausland ist in fast allen Fällen sehr viel längere Zeit erhältlich; es ist meistens so frisch und schmackhaft wie heimische Erzeugnisse.)

deutsches und ausländisches Obst und Gemüse

Gemüse	Jan.	Febr.	März	April	Mai	Juni	Juli	Aug.	Sept.	Okt.	Nov.	Dez.
Blumenkohl							●	●	●			
Bohnen							●	●	●			
Champignons						●	●	●	●	●		
Erbsen						●	●	●				
Gurken							●	●				
Karotten						●	●	●				
Mohrrüben						●	●	●				
Paprika								●	●			
Pfifferlinge						●	●	●	●	●		
Schwarzwurzeln										●	●	●
Sellerie									●	●	●	
Spargel					●	●						
Steinpilzen						●	●	●	●	●	●	
Tomaten							●	●	●			
Fenchel										●	●	
Rosenkohl	●										●	●
Rote Beete										●	●	
Rotkraut									●	●		
Sauerampfer					●	●	●	●				
Spinat					●	●			●	●		
Zucchini	●	●	●	●	●	●	●	●	●	●	●	●

(Die Zeitangaben sind nach Ernteanfall in Deutschland angeführt.)

Gemüsesäfte — ein Jung- und Gesundbrunnen

Nicht nur Gesundheits-Apostel schwören auf Gemüsesäfte. Zur Saftgewinnung sollte man einen Dampfentsafter verwenden. Am besten eignen sich dazu:

Gurken	45 Minuten
Mohrrüben	60 Minuten
Spinat	45 Minuten
Tomaten	45 Minuten

Es ist viel zu wenig bekannt, daß auch Kräuter ausgezeichnet zur Saftgewinnung geeignet sind. Neben den Kräutern, die man frisch im Lebensmittelhandel kaufen kann, sind auch andere zu empfehlen — zum Teil selbstgepflückt auf der Wiese! Säfte lassen sich gewinnen aus:
Kerbel + Kresse + Liebstöckel + Melisse + Petersilie + Sauerampfer + Salbei

Ein Tip zum Schluß: Kräuteressig selbst gemacht

Haben Sie einmal die Möglichkeit, an schöne frische Kräuter, wie Estragon, Minze und Rosmarin zu gelangen und noch dazu die Lust, Ihren Kräuteressig allein herzustellen, so brauchen Sie dazu nur noch als Basis einen normalen Weinessig.

Und hier das Rezept:

100—200 g Estragon
oder Minze
6 Rosmarinzweige

Die Gewürze waschen, abtropfen lassen, zerkleinern und in den Weinessig geben.
In Gläsern mit Schraubverschluß einen Monat reifen lassen, damit das Aroma der Kräuter einwirken kann.

Fleischgerichte Wurst und Pasteten — alles selbstgemacht

Eisbein in Aspik

$1\frac{1}{2}$ kg Eisbein
Wasser nach Bedarf
50 g Salz
4—6 Pfefferkörner
1—2 Lorbeerblatt
knapp $\frac{1}{8}$ l Essig

Die gut gewaschenen Eisbeine werden mit kaltem Wasser aufgesetzt, so daß sie gerade bedeckt sind, und mit den Gewürzen weich gekocht. Das Fleisch wird von den Knochen gelöst, in Stücke geschnitten und in Gläser geschichtet. Darüber gießt man die durchgesiebte, gut abgeschmeckte Brühe und sterilisiert 2 Stunden bei 100 Grad.

Straßburger Gänseleberpastete

500 g Leber
300 g Schweinebauch
350 g Kalbfleisch (Schnitzel)
1 kleine Zwiebel
1—2 Eigelb
50 g Trüffeln
1 Prise Pfeffer, Salz
1—2 Pimentkörner
etwas ger. Zitronenschale
1—2 ger. Schalotten
1 EL Zitronensaft
Kräuteressig
Estragon, Thymian (nach Geschmack)
Speckscheiben

Schweine- und Kalbfleisch werden mit den Gewürzen, den Schalotten und so viel Wasser, daß alles gerade bedeckt ist, weich gekocht und dreimal durch die feinste Scheibe des Fleischwolfs gedreht. Die Masse wird mit dem Eigelb vermischt und unter ständigem Rühren auf dem Herd noch einmal erhitzt und gut abgeschmeckt, die kleingeschnittenen Trüffeln hinzugefügt.

Die Leber hat man am Tag vorher gehäutet, in Stücke geschnitten und mit Zitronensaft beträufelt.

In vorbereitete Gläser legt man dünn geschnittene Speckscheiben, darauf von der Fleischfarce und den Leberstücken immer abwechselnd eine Schicht. Die oberste Schicht muß Fleischfarce sein, darüber kommen wieder dünne Speckscheiben. 2 Stunden bei 98 Grad sterilisieren.

Hier geht's um die Wurst!

Wurst in Einmachgläsern muß langsam auf die nötige Temperatur gebracht werden und darf nicht sprudelnd kochen, weil sonst die Masse in den Gläsern hochsteigt und das Fett auskocht.

Am besten ist ein Spezialeinkochtopf mit Thermometer.

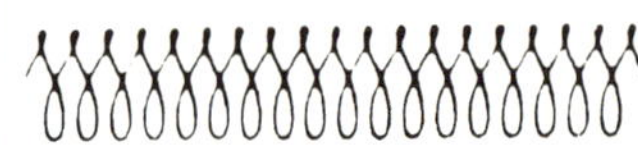

Mettwurst, gekocht

1 kg Schweinefleisch
$\frac{1}{2}$ kg Bauchfleisch vom Schwein
gut 1 EL Salz
1 TL Pfeffer, grob gemahlen
2 TL Senfkörner
$\frac{1}{16}$ l Calvados

Man schneidet das Fleisch, das vorher entschwartet wurde, in Stücke und dreht es durch den Wolf (mittlere Scheibe). Man fügt die Zutaten hinzu und knetet die Masse kräftig durch. Die Gläser werden eingefüllt — bis 2 cm unter den Rand — und zwei Stunden bei 95 Grad sterilisiert.

Heller Preßsack

1 Schweinskopf
1 kg Wamme und Schwarten
1 kg Zwiebeln
Essig, Salz, Pfeffer
Majoran, Kümmel
Für den Sud:
Lorbeerblatt
1 Zwiebel
3—4 Pfefferkörner und Wacholderbeeren
3—4 Nelken

Schweinskopf, Wamme und Schwarten werden im Sud aus Wasser und Gewürzen weichgekocht und vom Knochen gelöst. Das Fleisch wird in Würfel geschnitten, Schwarte und gekochte Zwiebeln durch den Wolf drehen. Alles wird gut in einer Schüssel vermischt und mit heißem Sud zu einem dickflüssigen Brei aufgefüllt. Man würzt mit Essig, Salz, Pfeffer, Kümmel und Majoran und gibt es in die Gläser. Sterilisierzeit: 2 Stunden bei 95—99 Grad.

Paté Grandmère

400 g Hühnerleber
250 g fetter Speck
150 g Schweineragout (vom Schnitzel)
300 g Räucherspeck
Thymian, Rosmarin, Basilikum und Majoran nach Geschmack
2 mit Nelken gespickte Zwiebeln
1 Knoblauchzehe
Weißwein, Madeira

Die ersten drei Zutaten werden durch den Wolf gedreht, die kleingehackten Kräuter hinzugefügt. Zwiebeln und Knoblauch hat man mit Weißwein und 2 Eßlöffeln Madeira bedeckt über Nacht stehenlassen. Nun nimmt man die Zwiebeln und den Knoblauch heraus, treibt sie ebenfalls durch den Wolf und vermengt alles unter Hinzugabe von Salz und Pfeffer gründlich. Man drückt die Masse in vorbereitete Gläser und sterilisiert 2 Stunden bei 98 Grad.

Die Rezepte zum Foto rechts finden Sie auf S. 45: „Hausgemachte Leberwurst" und „Blutwurst".

WECK
WECK

Truthahnwurst

1 kg Truthahnfleisch (von Knochen befreit)
50 g Mandeln
1/2 Tasse Fleischbrühe
1 knapper EL Salz
Pfeffer, Muskat, Piment
1 Gläschen Sherry

Das Truthahnfleisch wird sehr fein zerkleinert (Fleischwolf, feinste Scheibe). Die Mandeln werden gebrüht, gehackt, mit den übrigen Zutaten gut durchgeknetet und dann abgeschmeckt.

Gänse-Weiß-Sauer

750 g Gänsefleisch (Keulen, Flügel)
1 Kalbsfuß
750 g Kalbsknochen
1 Zwiebel, 1 Lorbeerblatt
4 Pimentkörner
Pfefferkörner
1/8 l Essig
1 Suppengrün

Die Gänsekeulen teilt man im Gelenk in Portionsstücke, von den Flügeln nimmt man die fleischigen Teile. Den Kalbsfuß, die Knochen, die geschälte Zwiebel, Salz und Gänsefleisch, bringt man, mit Wasser gerade bedeckt, zum Kochen. Einmal abschäumen und Gewürze dazutun. Das Fleisch bei mäßiger Hitze ca. 1 1/4 Stunden kochen, das Gänsefleisch herausnehmen und die Haut abziehen. Kalbsfuß und Kalbsknochen eine Stunde weiterkochen lassen, durch's Sieb gießen, und mit dem Essig mischen (Essig auf 1/2 l Sud). Das Gänsefleisch wird in Gläser gelegt, der Sud darübergegossen, so daß er 2 cm unter dem Rand der Gläser steht. 2 Stunden bei 98 Grad sterilisieren.

Das Rezept für **Gänseschwarzsauer** ist das gleiche, nur gehört dazu 1/4 l Gänseblut, das in der Stadt schwer zu bekommen ist.

Besonders wichtig!

Beim Fleisch-Einkochen müssen Glas und Deckel völlig frei von Fett sein, sonst leidet der sichere Verschluß des Glases.
Bei Wurst- und Pastetenmasse 4 cm unter dem Glasrand von Einmachgut freihalten; es steigt beim Sterilisieren nach oben.

Hasen- (oder Reh-)Pastete

750 g Fleisch (Bauchlappen, Vorder- und Hinterschlegel)
250 g geräucherter Speck
100 g Butter
2 Eier
1 Glas Sherry (trocken)
3 EL Zitronensaft
Pfeffer, Salz
1 Prise Rosmarin
etwas Brühe (vom Kochen)

Die Häutchen werden vom Fleisch entfernt; es wird in wenig Wasser gedünstet und von den Knochen gelöst. Man kocht die Knochen noch einmal aus und erhält so eine kräftige Brühe, in der man den Speck kochen läßt. Dieser wird mit dem Fleisch zweimal durch den Fleischwolf genommen. Durch Hinzufügung von Brühe bereitet man einen dicklichen Brei, dem 100 g schaumig gerührte Butter und 2 Eier beigegeben werden. Es wird mit Sherry, Zitronensaft und den Gewürzen abgeschmeckt, die Masse wird bis zu 4 cm unter den Rand in Gläser gefüllt und 90 Minuten bei 98 Grad sterilisiert.

Wildschwein-sülze

1500 g Wildschwein (Keule)
2 Kalbsfüße
1/2 l Wasser
1/4 l Weißwein
1/4 l Weinessig
2 Zwiebeln
Wacholderbeere
Lorbeerblätter
Salz

Die Kalbsfüße werden mit der Flüssigkeit aufgesetzt und zusammen mit dem Wildschweinfleisch weich gekocht. Das Fleisch wird in Stücke geschnitten, die Brühe durch ein Sieb gegossen und entfettet. Man schichtet das Fleisch in Gläser und gießt die Brühe, bis auf 2 Fingerbreit unter dem Rand, dazu. Einkochdauer 90 Minuten bei 98 Grad.

Nach dem Halali

Der Hausherr kommt von der Jagd — die schönsten Stücke vom Wild friert man am besten ein. Aber einiges eignet sich auch vorzüglich zum Einmachen.

Reh- (oder Hasen-)Pfeffer

Fleisch von den Schlegeln und Bauchlappen
etwas Butter
etwas Brühe
Wacholderbeeren
Salz und Pfeffer

Das von den Häuten befreite Fleisch wird in Würfel geschnitten und in heißer brauner Butter angebraten und mit Brühe abgelöscht. Die Gewürze werden dazugegeben, man läßt alles 15 Minuten in einem zugedeckten Topf schmoren. Dann füllt man in Gläser und sterilisiert 60 Minuten bei 98 Grad.

Tip für eingekochte Leberwurst

Die obere Schicht der eingemachten Leberwurst oder -pastete verfärbt sich leicht. Das kann man verhindern, wenn man obenauf eine dünne Speckscheibe legt.

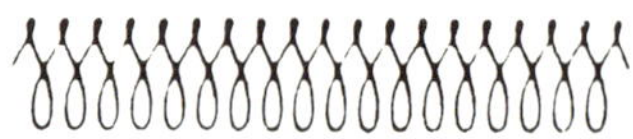

Feine Leberwurst

1 kg Leber vom Schwein
1 kg gekochter Schweinebauch
3/4 kg Rückenfett
125 g Schmalz
125 g Salz
1 TL Zucker, Majoran
1/2 TL Nelken
engl. Gewürz
1 Prise weißen Pfeffer

Die kurz gewässerte Leber wird gehäutet, in Stücke geschnitten, mit kochender Brühe übergossen und nach einigen Minuten für ¼ Stunde in kaltes Wasser gelegt. Leber und Bauchfleisch gibt man zwei- bis dreimal durch die feine Scheibe des Fleischwolfes. Das Rückenfett wird mit kochendem Wasser gebrüht. Es darf dann nur ziehen und wird in kleine Würfelchen geschnitten. Leber, Fleisch, Fettwürfel und Gewürze gut miteinander vermengen und abschmecken. Man füllt die Masse in Gläser — 2—3 Fingerbreit unter dem Rand freilassen — und sterilisiert 2 Stunden bei 98 Grad.

Trüffelleberwurst

Das Rezept ist das gleiche wie bei feiner Leberwurst; nur gibt man 100 g gekochte, zerkleinerte Trüffeln sowie 1—2 Eier dazu.

Grützwurst, weiß

125 g Buchweizengrütze (oder Gerstengrütze)
1250 g Schweinebauch und -schwarten
⅜ l Brühe (bis ½ l)
100 g Zwiebeln
1 EL Salz (gehäuft)
1 Prise gemahl. Nelken
2 TL Majoran
½ TL Piment
1 TL Pfeffer

In 1 l Salzwasser läßt man Bauchfleisch und Schwarten ca. eine Stunde lang gar werden. Man fügt die Zwiebeln hinzu und läßt eine Viertelstunde weiterziehen. Fleisch, Zwiebeln und Schwarten werden durch den Fleischwolf gedreht. In der Brühe läßt man die Grütze ausquellen, vermengt sie mit der Fleischmasse und den Gewürzen und fügt von der Brühe soviel hinzu, daß es eine dickbreiige Masse wird. Diese füllt man in vorbereitete Gläser, bis 4 cm unter den Rand, und verschließt sie. Sterilisierdauer: 2 Stunden bei 98 Grad.

Für ganz Vorsichtige

In alten Kochbüchern wird oft empfohlen, Fleisch und Wurst stets zweimal zu sterilisieren; das erste Mal zwei Drittel, das zweite Mal ein Drittel der angegebenen Zeit. Hinsichtlich der Haltbarkeit ergab sich kein Unterschied.
Aber immerhin — wer mißtrauisch ist, kann's ja probieren!

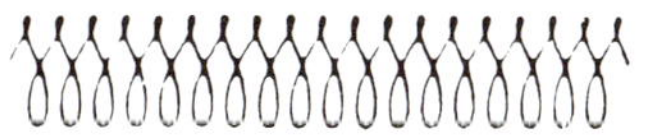

Grützwurst, rot

Das Rezept ist das gleiche. Nur wird, um es geschmeidig zu machen, statt reiner Brühe eine Mischung aus Brühe und Blut (beim Metzger bestellen) hinzugefügt (Verhältnis 1:2).

Sauerfleisch

2 Pfund Schweinebauchfleisch (m. Schwarte)
1 Schweinefuß
⅛ l Essig
⅛ l Wein
½ l Wasser
1—2 Zwiebeln
Lorbeerblatt
Wacholderbeeren
Salz, Pfeffer
1 Prise Zucker

Das Fleisch in Stücke schneiden, mit dem Schweinefuß und den Gewürzen und Zwiebeln in Wasser, Wein und Essig weichkochen. Das Fleisch in Gläser schichten, die durchgesiebte Brühe darüberschütten (2 Fingerbreit unter den Rand). 2 Stunden bei 98 Grad sterilisieren.

Hausgemachte Leberwurst

(Foto Seite 43)

1 kg Schweineleber
1 kg Schweinebauch
1 ¼ l Schweinebauchbrühe
2 mittelgr. feste Zwiebeln
50—60 g Salz
3 Prisen Pastetengewürz
1—2 TL Suppenwürze
je 1 Prise Weißer Pfeffer, Majoran, Ingwer, Thymian, Nelkenpfeffer

Bauchfleisch in stark gesalzenes, kochendes Wasser legen, daß es bedeckt ist, 1 in Fett gedünstete Zwiebel beigeben, 1—1½ Std. kochen. Gut gewaschene Leber mehrmals einschneiden und in heißer Brühe 10 Min. ziehen lassen, bis sie weißlich wird. Herausnehmen, abkühlen, schneiden, durch Fleischwolf drehen. Bauchfleisch (aus der Brühe) nehmen, erkalten lassen. Leber erneut durch Fleischwolf mischen. ¼ l durchgesiebte Kochbrühe in Fleischmasse, würzen und gut durchkneten. 10 Min. stehen lassen, abschmecken. Gut durchgerührt ⅔ hoch in Stürzgläser füllen. Gläser in Einkochtopf mit kaltem Wasser stellen. 150 Min. bei 100 Grad einkochen.

Wichtige Tips!

1. Zum Einkochen bestimmtes Wurstgut darf keinen Mehl- oder Brötchenzusatz haben. Zwiebeln und Schalotten nie roh, stets gedämpft zugeben. Wurst sofort nach Einfüllen erhitzen, nicht etwa stehen lassen.
2. Die Wurstmasse stets stark würzen, damit fertige Wurst nicht fad schmeckt (denn die Gewürze büßen nach dem Einkochen an Geschmacksfülle ein).

Blutwurst

¼ l frisches Schweineblut
¼ l Schweinefleischbrühe
1 kg Kamm- oder Kehlstück
500 g frischen Bauchspeck
500 g Schwarten, 50 g Salz
4—6 Prisen Majoran
1 Zwiebel
4—5 Prisen Nelkenpfeffer
Pfeffer, Pastetengewürz

Schwarten 2 Std. wässern, mit frischem Wasser zum Kochen bringen, abschäumen, salzen. Fleisch, 2 gebräunte Zwiebelhälften und Speck 1—1½ Std. kochen. Wenn sich Schwarten leicht durchstechen lassen, eine Hälfte zweimal durch Fleischwolf drehen und sofort ins Blut rühren, damit nichts verklumpt. Die andere Hälfte und den Speck würfeln und mit gar gekochtem, geschnittenen Fleisch gemischt 15 Min. stehen lassen. Blut einrühren, salzen, würzen, mit Brühe vermischen, kühl stellen. Masse bis 4 cm unter Rand in Gläser füllen und 150 Min. bei 150° einkochen.

Register

Bildnachweis
Bodo Schieren: Umschlag. CMA: S. 10, 11, 22, 23, 26, 27, 30, 31. Pfeifer & Langen / Kölner Zucker: S. 18/19, 38/39. J. Weck GmbH & Co.: S. 2, 7, 15, 43, 47.

Impressum

Prinzenstr. 7, 8000 München 19
Telefon 0 89 / 13 20 01
Telex 5 215528 tvf d
Printed in Italy
ISBN 3-920954-53-X